LES ÉCHANGES
UNIVERSITAIRES
EN EUROPE

Répertoire
publié par l'Institut International
de Coopération Intellectuelle

LES ÉCHANGES UNIVERSITAIRES

EN EUROPE

Répertoire
des institutions existantes et des mesures prises,
dans tous les pays d'Europe, pour favoriser
les échanges universitaires internationaux.

Publié par
l'Institut International de Coopération Intellectuelle

PARIS
1928

Le présent répertoire a été publié en trois éditions : française,
anglaise et allemande.

Pour l'édition française s'adresser aux :

Messageries Hachette,
111, rue Réaumur, Paris II.
Prix : 12 francs.

Pour l'édition anglaise :

Humphrey Milford, Oxford University Press,
Amen House, Warwick Square, London E.C.4.
Prix : 2 s. 6 d.

ou :

The World Peace Foundation,
40, Mount Vernon Street, Boston, Mass., U.S.A.
Prix : $0.75 (75 cents).

Pour l'édition allemande :

Alfred Lorentz,
Kurprinzstrasse 10, Leipzig.
Prix : RM. 2.50.

TABLE DES MATIÈRES

PRÉFACE

Dès après la guerre, les nécessités de la vie ont amené les pays d'Europe à une coopération qui doit s'établir au-dessus des frontièrcs nationales et, souvent, s'exercer en dépit même de sentiments contraires. Un tel phénomène n'est point resté confiné dans l'ordre économique : le monde universitaire, lui aussi, a bien vite repris conscience de cet état d'interdépendance qui engendre une communauté de devoirs réciproques. Et même, ce mouvement s'apprête à dépasser le stade où l'on s'était arrêté avant la guerre, dans le développement de la solidarité académique internationale ; il suffit, pour s'en convaincre, d'examiner la succession des dates qui marquent la fondation des œuvres d'échanges universitaires internationaux. On estime aujourd'hui faire preuve de largeur de vue et accomplir un devoir d'honneur en prêtant appui aux savants étrangers ou en se montrant accueillant à l'égard d'étudiants d'autres nationalités.

Des organisations internationales d'étudiants se créent, tant pour sauvegarder les intérêts d'une communauté qui n'est pas limitée par les frontières nationales, que pour prêter assistance à des compagnons d'études étrangers, dans le besoin. Des institutions se fondent, à tâche de faciliter aux étudiants venus d'autres pays l'accès des études scientifiques, économiques et sociales. Les bourses destinées à faciliter les stages d'études à l'étranger ont subi le contre-coup de l'inflation dans les pays à change déprécié ; mais, loin d'abandonner ces efforts, on les reprend avec d'autant plus d'énergie que l'étudiant peut moins encore que par le passé, compter sur ses seules ressources pour subvenir à ses besoins, durant ces séjours loin de son pays.

Le nombre et la diversité de ces entreprises offrent un tableau des plus bigarrés, parfois même chaotique. Un tel état de chose ne résiste pas toujours à l'examen, si l'on se place strictement au point de vue de l'organisation et des besoins à satisfaire. Mais, si l'on considère de plus près les conjonctures de l'Europe actuelle, on s'aperçoit que la critique n'est pas fondée partout.

La vie universitaire, il est vrai, traverse aujourd'hui une période d'innovations dans l'ordre international, et telles de ces fondations, échafaudées dans la hâte et l'excès de zèle qui caractérisent les époques de création, sont destinées à disparaître tôt ou tard. Cette phase d'élimination se dessine déjà.

Mais on aurait tort, cependant, d'oublier que la plupart de ces institutions témoignent d'un élan généreux et que, si les manifestations de cet élan sont diverses, c'est que l'Europe intellectuelle, on ne saurait le contester, est infiniment diverse en ses aspects. Aussi bien ne pourrait-on supprimer ces entreprises sans porter, du même coup, un préjudice inestimable à la bonne volonté qui les fit naître et à l'esprit dont elles sont le reflet et le soutien.

Dans le domaine pratique, une telle profusion d'activités diverses n'est guère de nature à faciliter les recherches et l'orientation des intéressés. Et c'est précisément pour y aider que le présent répertoire devait être établi.

L'enquête fut entreprise sur la proposition de l' « American Council on Education » qui, tout en assumant d'avance les frais qu'elle occasionnerait, en suggéra l'exécution à la Commission internationale de coopération intellectuelle et, plus particulièrement, à un Comité spécialement désigné par la Commission, en juillet 1927, pour s'occuper de l'échange international de membres du personnel enseignant. Un des derniers actes accomplis par le regretté professeur H. A. Lorentz en sa qualité de président de la Commission internationale et, en même temps, de président de ce Comité spécial, fut de donner son approbation à cette entreprise (1).

La Section des relations universitaires de l'Institut international de coopération intellectuelle, à Paris, fut chargée de procéder aux investigations et à la rédaction des documents ainsi recueillis.

Un délai de quatre mois avait été fixé pour mener à bien cette tâche. Nous n'avons pas hésité cependant à nous rendre sur les lieux pour procéder personnellement à ces investigations ; exception fut faite pour quelques pays seulement, où nous avons dû recourir à l'intermédiaire de collaborateurs autorisés. Nous tenons à témoigner ici notre gratitude à tous ceux qui, sans compter leur temps et leur peine, nous ont prêté leur concours.

Dans l'abondante documentation que nous avons réunie, il est apparu nécessaire de faire un choix, qui, tout en excluant nombre de données en elles-mêmes fort intéressantes, nous permettait de condenser la matière sous la forme la plus concise. Nous nous sommes efforcés de créer ainsi un répertoire d'un maniement facile et qui, en toute impartialité, donnât un tableau aussi complet

---

(1) Une liste des organisations qui, aux Etats-Unis, s'occupent des relations universitaires internationales, a été établie par l' «American Council on Education» et publiée dans *The Educational Record*, Washington, D. C., vol. VI, n° 2 (avril 1925), p. 91-150.

que possible des institutions fondées et des mesures prises dans les pays d'Europe, soit au profit des professeurs et étudiants étrangers, soit pour faciliter les stages d'études ou d'enseignement à l'étranger. Nous avons mentionné à cet égard : l'aide par voies de bourses, de renseignements, d'accueil, de facilités de voyage, des dispenses de taxes, etc. Quant aux institutions d'enseignement, y compris celles qui ont été créées à l'intention des étrangers, elles ne figurent dans notre exposé qu'en corrélation avec les mesures citées plus haut. Cette restriction s'imposait si l'on ne voulait pas voir l'enquête s'étendre indéfiniment. Il est apparu opportun de faire état également du corps enseignant des écoles primaires et supérieures, alors que les échanges d'écoliers et l'organisation de la correspondance interscolaire demeuraient en dehors de nos investigations. Enfin la question des équivalences, qui n'est pas encore réglée de manière à pouvoir faire l'objet d'une publication internationale, fut, à son tour, abandonnée.

Nous ne nous dissimulons pas les lacunes que comporte nécessairement un premier essai de ce genre. Cependant, nous avons cru devoir clore, pour le moment, cette enquête, quitte à combler ses déficiences lors d'une édition ultérieure, dans le dessein de mettre le plus tôt possible un instrument de travail pratique à la disposition des intéressés.

L'Institut international de coopération intellectuelle (Section des relations universitaires), 2, rue de Montpensier, Paris Ier, recevra avec reconnaissance toute rectification ou addition au présent ouvrage.

Deux motifs essentiels nous ont engagés à réduire notre publication, en égard à celles qui existent déjà : la Section des relations universitaires établit la liste des cours de vacances en Europe ; cette liste rédigée en français, allemand et anglais, a paru pour la première fois en 1928 et sera vraisemblablement publié désormais chaque année (1) ; il était dès lors superflu de revenir en général et dans le détail, sur ces cours, bien qu'ils offrent également certaines facilités aux étrangers. D'autre part, la Fédération universelle des Associations chrétiennes d'étudiants publie une liste d'hôtels et de foyers pour étudiants (2). Nous n'avons donc pas voulu reprendre ces données et, de son côté, la Fédération, par bienveillante réciprocité, abandonnait son projet d'étendre sa liste aux institutions comprises dans notre répertoire.

Qu'il nous soit permis enfin d'insister sur le fait que nous n'avons nullement prétendu éditer ici un guide des universitaires à l'étranger. Telles institutions, par exemple, qui ne furent pas fondées dans

---

(1) *Cours supérieurs de vacances en Europe* 1928, Les Presses universitaires de France, Paris.
(2) *Student Hostels (and) Foyers*, publié par la F. U. A. C. E. et l'Entr'aide universitaire, Genève.

l'intérêt des échanges internationaux ne figurent pas dans ce répertoire, bien qu'elles puissent être de la plus haute importance pour un étranger. D'autres, en revanche, qui ont pris, dans ce domaine, des dispositions spéciales, devaient être citées, même si ces mesures n'étaient qu'une branche secondaire de leur programme.

Notre entreprise n'aura pas été inutile, si nous avons contribué à faire reconnaître comme un droit imprescriptible dans tout le monde universitaire, le droit de cité pour tout *civis academicus*, sans parler des privilèges qu'une hospitalité généreuse pourra toujours accorder ; nous n'aurons pas travaillé en vain si nous avons aidé à faire comprendre qu'en dépit de la diversité nécessaire et souvent contradictoire des groupements intellectuels ou nationaux de notre vieille Europe, la science, placée sous l'égide des universités, fonde une communauté de rapports, agit comme un principe de rapprochement et de fraternité.

ORGANISATIONS INTERNATIONALES

Académie de Droit international de La Haye
Palais de la Paix, La Haye

Président du Curatorium : M. Ch. Lyon-Caen.
Secrétaire général : M. le baron Albéric Rolin.
Secrétaire de la Présidence : M. Gilbert Gidel.

Définition : L'Académie « constitue un centre de hautes études de droit international (public et privé) et des sciences connexes, pour faciliter l'examen approfondi et impartial des questions se rattachant aux rapports juridiques internationaux ».

Fondation : en 1914, avec le concours de la Dotation Carnegie pour la Paix internationale ; inauguration en 1923.

Organisation : Conseil d'administration composé des membres de la direction de la Fondation Carnegie pour le Palais de la Paix et assisté d'une Commission des finances. Au point de vue scientifique, l'Académie est dirigée par un Curatorium de 12 membres.

Ressources : Subvention de la Dotation Carnegie.

Activité : Organisation de cours internationaux, donnés par d'éminents spécialistes du droit international. L'auditoire en est international. Un certain nombre de *bourses d'études* sont instituées auprès de l'Académie, les unes par divers gouvernements, les autres par des institutions ou des particuliers. Le gouvernement néerlandais alloue 5 bourses de 400 florins chacune, au profit de non-Néerlandais. Le Conseil d'administration a institué 5 autres bourses également de 400 florins chacune. Ces deux séries de bourses sont attribuées par le Curatorium, les autres par les donateurs eux-mêmes. Les gouvernements de l'Afrique du Sud, d'Allemagne, de Chine, de Cuba, de Danemark, de la Ville libre de Dantzig, de France, de Guatémala, de Hongrie, de Norvège, de Pologne, de Roumanie, du Salvador, de Siam et de Tchécoslovaquie ont encouragé la fréquentation des cours de l'Académie en accordant des bourses, des subventions ou des congés. La Fondation A. S. de Bustamante (Cuba) attribue une bourse annuelle à un étudiant cubain. Le Secrétariat de l'Association des auditeurs et anciens auditeurs de l'Académie (Palais de la Paix, chambre 50, La Haye) a pris des arrangements spéciaux pour procurer aux auditeurs des facilités de séjour (v. p. 172).

Publications : Rapport annuel du Curatorium, Recueil des cours professés.

Bureau d'Etudes internationales
(Geneva School of International Studies)
Conservatoire de musique, place Neuve, Genève
(ouvert du 1ᵉʳ juillet jusqu'à la fin des cours).

Directeur : M. le professeur Alfred Zimmern, **directeur-adjoint de** l'Institut international de coopération intellectuelle (Société des Nations), à Paris.

Bureau de Paris : 2, rue de Montpensier, Paris 1 (Institut international de coopération intellectuelle).

Secrétaire britannique : M. C. W. Judd, British Universities' League of Nations Society, 15, Grosvenor Crescent, Londres S. W. 1.

Définition : Cours de vacances internationaux pour l'étude des problèmes courants de la politique internationale.

Fondation : 1924.

Ressources : Souscriptions et dotations, provenant surtout des États-Unis.

Activité : Organise tous les ans, de juillet à septembre (avant et pendant l'Assemblée de septembre de la Société des Nations) des cours en français et en anglais sur les problèmes internationaux. Une partie de ces cours est faite par des savants distingués et des personnalités des différents Etats, et une partie par les membres de la Société des Nations, du Bureau international du Travail, de l'Institut international de coopération intellectuelle et des diverses commissions et délégations de la Société des Nations. Les auditeurs sont de toutes nationalités ; la fréquentation est facilitée par une série de bourses. En 1927 l'Ecole a décerné les bourses suivantes :

Bourses d'Etat :

Danemark	1 pour 1 mois	
Pologne	6 — 1 —	
Roumanie	6 — 3 —	
Bassin de la Sarre	4 — 1 —	

Bourses des Universités :

Cincinnati	2 — 2 —	
Barnard College	1 — 1 —	

Bourses données par le Bureau :
    1º Pour étudiants américains des Universités de Chicago, Cornell et Missouri..   3 pour 2 mois
    2º Pour étudiants européens ....   28 — 1 —
Bourses données par la F.U.I. (cf. p. 16) :
    Pour étudiants européens. ....   8 — 1 —

Confédération internationale des étudiants (C. I. E.)
Office Central : Palais Mondial, Bruxelles.

Président, 1927-28 : Dr Roberto Maltini, Littorio, Rome.
Premier vice-président : M. A. Gordon Bagnall, National Union of Students, 3, Endsleigh Street, Londres W. C. 1.
Directeur de l'Office Central : Dr Jean Baugniet, 82, avenue Molière, Bruxelles.
Directeur des Commissions pratiques : M. Ivison S. Macadam, 3, Endsleigh Street, Londres W. C. 1.

Définition : Fédération internationale des Unions nationales d'étudiants.
Membres titulaires en 1928 : Afrique du Sud, Angleterre, Belgique, Bulgarie, Canada, Danemark, Écosse, Espagne, Esthonie, États-Unis d'Amérique, Finlande, France, Hollande, Hongrie, Italie, Lithuanie, Luxembourg, Pologne, Roumanie, Suède, Suisse, Tchécoslovaquie, Turquie, Uruguay. *Membres libres* : Blancs Ruthènes, Géorgie, Hong - Kong, Norvège, Nouvelle - Zélande, Russes émigrés (Oreso), Ukraine. *Membre associé* : Association générale des étudiants latino-américains. *Demande d'admission* : Grèce. *Associations en collaboration* : Allemagne et Australie.
Fondation : 1919, à Strasbourg. Statuts et règlements définitifs : Varsovie 1924. Extension importante par suite de l'adhésion des Etats-Unis et du Canada : Rome 1927.
Organisation : *Commissions permanentes* :
Commission III, pour les rapports et les voyages internationaux, 3, Endsleigh Street, Londres W. C. 1. *Président* : M. Ivison S. Macadam. Fonctionnement de la Commission assuré par l'Union nationale des étudiants anglais (National Union of Students).
La Commission III collabore étroitement avec les offices des affaires étrangères et les offices des voyages des Unions nationales d'étudiants. Elle favorise les rapports internationaux sans limiter ses efforts aux Etats membres de la C. I. E., au moyen de facilités pour les voyages internationaux (obtention de la carte d'identité pour les étudiants voyageant à l'étranger, cartes de membres et lettres d'introduction aux membres de la C. I. E., conférant aux

titulaires des privilèges spéciaux, tels que plus grandes facilités pour l'obtention du visa, réduction dans les tarifs des sociétés de transports. Voir à l'appendice un diagramme des règlements concernant les passeports et visas). La Commission donne des conseils et renseignements généraux (voir « Publications »). Elle a, pour les voyages d'études dans les Balkans, ouvert une succursale à Prague, sous la direction de l'Union nationale tchèque. En 1927, elle s'efforça de centraliser les échanges d'étudiants, mais cette tentative fut reconnue inopportune. Aujourd'hui, comme auparavant, les échanges se font entre les Unions nationales ; la Commission III s'est bornée à établir un questionnaire en vue de ces échanges, qui est employé par toutes les Unions nationales. Le Comité des représentants des Organisations internationales d'étudiants, en 1928, en a préconisé l'emploi général.

Commission V : Commission permanente d'Entr'aide universitaire. Wileza 3/12, Varsovie. *Président* : Jan K. Pozaryski. Renseignements et statistiques.

Commission VI : Commissariat des sports, 55, quai de la Tournelle, Paris (5e). *Commissaire général* : J. Petitjean. Organise des concours internationaux.

Ressources : Recettes régulières : cotisations annuelles des Unions membres et affiliées, s'élevant en 1927 à 7.000 francs suisses. Recettes spéciales provenant de dons.

L'activité internationale des Unions nationales est exercée par les offices des affaires étrangères. Ils favorisent et entretiennent les rapports entre les étudiants et les pays étrangers, servent de bureaux de renseignements pour les étudiants nationaux et étrangers, en ce qui concerne les conditions d'études et le prix de la vie dans leur pays et à l'étranger ; ils organisent des voyages d'études à l'étranger et reçoivent les groupes d'étudiants venant des pays étrangers.

Publications : « Annuaire publié par l'Office central de la C. I. E. » Bruxelles, «Bulletin Mensuel d'Informations» Bruxelles. Différentes brochures : «Handbook of Student Travel in Europe», Londres.

Entr'aide universitaire
(International Student Service, I. S. S.)
Secrétariat : 5, rond-point de Plainpalais, Genève.

Président : Dr T. Tatlow, Annandale, Golders Green, Londres
N. W. 11.
Secrétaire général : Dr Walter Kotschnig, Genève.

But : Secours désintéressé, moral et matériel, sans distinction de partis, aux étudiants de tous pays, toutes races, nationalités et toutes sectes religieuses.

Fondation : 1920, à Vienne, sous les auspices de la Fédération universelle des Associations chrétiennes d'étudiants. Jusqu'en 1926, secours donnés en premier lieu aux étudiants nécessiteux des pays affaiblis par la guerre et l'inflation, sous la surveillance directe de la F. U. A. C. E. (v. p. 15) ; 1926, continuation indépendante de la même œuvre ; réorganisation sur une base plus large.

Organisation : Aucune constitution déterminée ; continuité des rapports avec la F. U. A. C. E., étant donné que les deux tiers du Comité administratif, composé de 15 membres, sont choisis parmi les membres de la Fédération. Collaboration avec les plus importantes Associations internationales d'étudiants (telles que la C. I. E. et l'Union universelle des Etudiants juifs), qui sont également représentées au sein du Comité ; membres correspondants, secrétaires pour les voyages, autres membres admis sans règlement fixe.

Ressources : Souscriptions volontaires provenant de toutes les parties du monde ; budget annuel 1928 : environ 181.600 fr. suisses.

Personnel du Secrétariat général : 1 Secrétaire général, 1 rédacteur de la revue « Vox Studentium », plusieurs secrétaires.

Activité : Œuvre de secours parmi les étudiants de tous pays (création de centres de conseils médicaux, de relèvement social, restaurants) ; facilite les études aux réfugiés russes et les aide après l'achèvement de leurs études, en leur offrant des possibilités de travail, surtout au Canada ; fonds annuel de prêts : montant environ $5.400. Aide donnée aux étudiants d'Afrique du Sud et de Chine. Création du « Student Service Emergency Trust Fund » (Fonds de réserve extraordinaire, pour cas urgents), au profit duquel 5 % au moins est prélevé sur le revenu total et qui ne peut être utilisé qu'avec l'approbation du Comité administratif. Création d'institutions d'entr'aide, tout d'abord en Allemagne, ensuite sur le modèle allemand, en France, dans les Balkans et en Grande-Bretagne. En 1927, organisation d'une école d'entr'aide à Dresde (cf. p. 32). Organisation de congrès annuels, encouragement de discussions internationales, enquêtes sur les conditions de vie des étudiants dans divers pays, faites par les secrétaires. Toutes les organisations nationales d'entr'aide sont à la disposition des étrangers. Groupements locaux spéciaux d'étudiants étrangers, subsidiaires de l'I. S. S., ont été organisés seulement à Graz (Autriche), Paris et Montpellier (France), Munich et Wurtzbourg (Allemagne), Prague (Tchécoslovaquie). Jusqu'ici, seules les institutions d'entr'aide de Prague et de Paris se sont occupées spécialement de l'aide à donner aux étrangers.

Publications : 1. « International Student Service » (bref résumé de son histoire, ses buts et son programme), Genève, 1928 ; 2. Rapports annuels et procès-verbaux des Congrès ; 3. « Vox Studentium », Genève (mensuel) ; 4. De temps en temps, des brochures, par exemple : E. M. Latham, « World Student Statistics », Genève 1927 ; C. Hoffmann, « The American Work Student », Genève 1927 ; édition allemande « Der amerikanische Werkstudent », Dresde 1927.

Fédération internationale des femmes diplômées des Universités

(International Federation of University Women, I. F. U. W.)
Secrétariat général : Crosby Hall, Cheyne Walk, Londres S. W. 3.
(voir p. 112).

Présidente : Dr Ellen Gleditsch, D.Sc., 3 b, Incognito Terrasse, Oslo.
Secrétaire générale : Miss Theodora Bosanquet, B.Sc.

Définition : Fédération internationale comprenant toutes les Fédérations nationales des femmes diplômées des Universités. Comprend 28 Etats : Afrique du Sud, Allemagne, Australie, Autriche, Belgique, Bulgarie, Canada, Danemark, Espagne, Esthonie, Etats-Unis d'Amérique, Finlande, France, Grande-Bretagne, Hollande, Hongrie, Indes anglaises, Irlande, Italie, Luxembourg, Mexique, Norvège, Nouvelle-Zélande, Pologne, Roumanie, Suède, Suisse.

Fondation : 1919, par les Fédérations de Grande-Bretagne et des Etats-Unis d'Amérique.

Organisation : Divisée en différents comités.

Ressources : Recettes : cotisations des Fédérations et dons. Budget 1926-1927 :

    Recettes $8,784
    Dépenses $8,530.67

Personnel : 1 Secrétaire générale, 1 adjointe travaillant toute la journée, 1 adjointe pour la demi-journée.

Activité : Ne s'occupe que des femmes ayant achevé leurs études universitaires. Les bourses de l'I. F. U. W. sont décernées à la condition que la bénéficiaire travaille dans un pays étranger pendant au moins une année.

Senior Scholarship : £300, plus les frais de voyage. Pour des femmes universitaires ayant fait un travail scientifique indépendant, de préférence âgées de moins de 45 ans et dont le dernier ouvrage soit paru dans les cinq dernières années. Les bénéficiaires doivent soumettre trois exemplaires de leurs ouvrages ou, si ces ouvrages sont dans une langue autre que l'allemand, l'anglais ou le français, des extraits dans une de ces langues.

Junior Scholarship : £250, plus les frais de voyage ; pour les femmes universitaires ayant fait, pendant une année au moins, des recherches scientifiques, qui envisagent des travaux de recherches indépendants et qui, de préférence, ne sont pas âgées de plus de 30 ans. Les candidates sont proposées par les fédérations nationales. De 1922 à 1928 des bourses ont été décernées à : 1 allemande, 1 australienne, 3 autrichiennes, 3 citoyennes britanniques, 2 françaises, 2 finlandaises, 2 hollandaises, 2 italiennes, 2 norvégiennes, 1 russe, 1 suédoise, 1 suissesse. Les fonds sont fournis par l'Australie, les Etats-Unis, la Grande Bretagne, l'Italie et la Suède.

En 1924, il a été décidé de créer un fonds de $1.000.000, pour bourses internationales de voyages, pour les membres de la I. F. U. W. ; ce fonds a été inauguré en 1925 par un don de la Fédération norvégienne. En 1928-1929, une bourse internationale de voyage, de £250 est offerte, sur ce fonds, à une jeune mathématicienne ou étudiante en sciences physiques et naturelles.

Un Comité spécial encourage l'échange de femmes professeurs de l'enseignement secondaire. Jusqu'ici, un échange régulier se fait entre la Grande Bretagne et les Etats-Unis. Des négociations sont en cours à ce sujet avec l'Allemagne, le Canada, la France et le Luxembourg. En Allemagne, un Comité a déjà été constitué sous la direction de Mme A. Schönborn, directrice de lycée, Moselstrasse 4, Berlin-Friedenau.

Les autres activités internationales sont exercées par les Fédérations nationales elles-mêmes. Elle consistent, en général, à recevoir les membres étrangers de l'I. F. U. W., à leur donner des conseils et des renseignements, des lettres d'introduction ; organisation d'excursions.

Publications : «Bulletin », Londres, et brochures.

**Fédération universelle
des Associations chrétiennes d'étudiants (F.U.A.C.E.)**
Secrétariat : 13, rue Calvin, Genève.

Président : Dr. John R. Mott, 347, Madison Avenue, New-York.
Secrétaire général : M. Henry-Louis Henriod.
Secrétaire du Service des étudiants à l'étranger : Dr Conrad Hoffmann.

Définition : Fédération des Associations chrétiennes d'étudiants des pays suivants : Afrique du Sud, Allemagne, Argentine, Australie, Autriche, Belgique, Bolivie, Brésil, Bulgarie, Canada, Chili, Chine, Cuba, Danemark, Egypte, Espagne, Esthonie, Etats-Unis, Finlande, France, Grande Bretagne et Irlande, Grèce, Hawaï, Hollande, Hongkong, Hongrie, Indes anglaises, Burma et Ceylan, Indes occidentales néerlandaises, Islande, Italie, Jamaïque, Japon, Corée, Lettonie, Madagascar, Mexique, Norvège, Nouvelle-Zélande, Pérou, Philippines, Pologne, Portugal, Royaume des Serbes, Croates et Slovènes, Roumanie, Russie, Siam, Straits Settlements, Suède, Suisse, Syrie, Tchécoslovaquie, Uruguay (3.113 universités représentées, environ 300,000 membres, professeurs et étudiants).

Fondation : 1895.

Organisation : Le Comité général est composé de représentants de toutes les unions membres de la Fédération.

Ressources : Proviennent principalement des Associations nationales et, en moindre mesure, de dons. Budget annuel : £8.825 ($44.125).

Personnel : 11 secrétaires, 2 sténo-dactylographes et collaborateurs temporaires.

Activité : Appui aux Associations nationales, qui organisent leur travail sous leur propre responsabilité, pour l'organisation de clubs, de restaurants, d'hôtels, la recherche de postes et de logements, l'amélioration de la situation économique des étudiants ; création d'organisations d'entr'aide (au besoin par un appui matériel ; relations amicales parmi les étudiants des différentes Facultés, des différents pays et des groupements sociaux au sein des Universités) ; organisation de congrès internationaux. Fondation de l'Entr'aide universitaire (cf. p. 12).

Publications : « The Student World » (trimestriel) ; « The Federation News Sheet » (mensuel) ; « Directory and Exchange List » ; «Student Hostels (and) Foyers».

Fédération universitaire internationale pour la Société des Nations
11, place Lehon, Bruxelles

Secrétaire général : M. Robert Hendrickx.

Définition : Fédération des Groupements universitaires nationaux pour la Société des Nations d'Allemagne, Argentine, Autriche, Belgique, Bulgarie, Canada, Danemark, Espagne, Esthonie, Etats-Unis, Finlande, France, Grande Bretagne, Grèce, Hongrie, Italie, Japon, Luxembourg, Norvège, Paraguay, Pologne, Roumanie, Russes émigrés, Suède, Suisse, Tchécoslovaquie, Ukraine et Yougoslavie.

Fondation : En 1924 à Prague, par les groupements d'Allemagne, Etats-Unis, France, Grande Bretagne et Tchécoslovaquie.

Organisation : Congrès annuel de tous les groupements membres de la Fédération. Comité exécutif composé de six membres (1 président et 5 vice-présidents). 4 Sections, Secrétariat général.

Ressources : Cotisations des membres et dons.

Activité : Etude des questions internationales et propagation des principes du Pacte de la Société des Nations. Appui aux groupements nationaux. Coopération étroite entre les groupements universitaires nationaux, le Secrétariat de la Société des Nations, le Bureau international du Travail et la Commission de Coopération intellectuelle. Collaboration au Bureau des études internationales.

Publication : Bulletin bi-hebdomadaire.

Institut international de coopération intellectuelle, Section des relations universitaires
2, rue de Montpensier (Palais-Royal), Paris I

Chef de Section : M. le Dr Werner Picht.

But : La Section des relations universitaires est, à l'Institut international, l'organisme pratique chargé d'exécuter les décisions prises, dans le domaine universitaire, par la Commission internationale de coopération intellectuelle et plus spécialement par sa Sous-Commission des relations universitaires.

Fondation : L'Institut international a été fondé en 1925, comme instrument de travail de la Commission de coopération intellectuelle de la Société des Nations. En novembre 1925, la Section des relations universitaires a repris l'activité de l'Office international des renseignements universitaires qui, depuis 1923, fonctionnait à Genève, au Secrétariat de la Société des Nations.

Personnel : 1 chef, 1 chef-adjoint, 1 attaché, 1 secrétaire.

Activités principales : Organisation de réunions périodiques des directeurs des Offices universitaires nationaux, des représentants des Associations internationales d'étudiants, de représentants des institutions consacrées aux hautes études internationales ; mise en pratique des résolutions adoptées par ces réunions. Enquêtes sur les relations internationales des Universités, sur l'organisation et l'activité des instituts nationaux à l'étranger et des instituts d'études étrangères, sur les fondations d'entr'aide intellectuelle, sur les dispositions prises pour faciliter les échanges universitaires internationaux et en faveur des professeurs et étudiants étrangers, etc.

Publications : «Bulletin des relations universitaires » (trimestriel, 4e année, 1928, Paris), suite de l'ancien «Bulletin de l'Office international des renseignements universitaires » publié à Genève, texte français et anglais ; « Cours supérieurs de vacances en Europe 1928 » (liste annuelle), trois éditions : française, anglaise et allemande.

International Student Hospitality Association (I.S.H.A.)
163, rue de Sèvres, Paris (15e)

Secrétaire général : M. Gerhart F. Jentsch.

But : Rapprochement intellectuel des étudiants d'Europe et des Etats-Unis au moyen de l'organisation de voyages d'études.

Fondation : 1923, sous le titre « Travel Bureau of American Students » (Bureau de voyages des étudiants américains) comme organisation autonome travaillant en collaboration avec la troisième Commission de la C. I. E. ; 1926, enregistrée comme « Association déclarée sans but lucratif », séparation de la C. I. E.

Organisation : Conseil d'administration élu annuellement parmi les membres de l'Association; Comité consultatif.

Organisation jumelle : The Open Road Inc., 2 West 46th Street, New-York, dont le directeur, M. John Rothschild, est membre du Conseil d'administration de l'I.S.H.A.

Ressources : Cotisations annuelles des membres, contributions par étudiants américains, prêts et dons faits par l'Open Road Inc. et par des particuliers. Budget annuel : $14,000.

Personnel : 1 Secrétaire général, 1 Secrétaire pour les pays latins, 1 Secrétaire du Service des voyages, 3 adjoints.

Activité : Organisation de voyages d'étude en Europe pour étudiants américains ; réception de groupes de voyageurs (8-14 étudiants accompagnés d'un professeur américain) en Europe ; établissement préliminaire de programmes de voyages, en les limitant à quelques centres par pays, ou à une certaine région de l'Europe ; organisation de réunions sociales avec les étudiants et personnalités des pays visités, ainsi que discussions et conférences.

Office central de Secours aux Eglises d'Europe
Bureau central en Europe : 19, rue de Candolle, Genève.

Secrétaire et directeur du Bureau central : M. le pasteur Adolphe Keller.

Président du Comité exécutif : M. le professeur E. Choisy, Genève.
Bureau en Amérique : Federal Council, 105 East 22nd Street, New York. *Représentant* : Rev. Kenneth Miller.

Définition : Centre et «Clearing Office» international pour tous les centres nationaux de Secours aux Eglises.

Fondation : 1922, à Copenhague (Office central européen).

Organisation et administration : Par la Fédération suisse des Eglises évangéliques. Centres nationaux dans tous les pays d'Europe à l'exception de l'Albanie et de la Turquie ; collaboration avec la Fédération des Eglises américaines.

Ressources : Collectes dans les églises, contributions fixes de quelques églises individuelles (Danemark, Etats-Unis, Finlande, Grande Bretagne, Hollande, Norvège, Suède, Suisse) et dons particuliers. Aucun budget annuel n'est dressé ; les sommes reçues sont réparties suivant leur réception et l'affectation stipulée. La répartition des fonds de secours est déterminée par le Comité exécutif international, qui se réunit une fois par an et est subordonné au Bureau central en Europe.

Activité : La majeure partie des fonds de secours disponibles est répartie par les Bureaux centraux nationaux, en consultation avec les Facultés de Théologie, parmi les étudiants nationaux ; une petite partie est utilisée pour permettre aux théologiens individuels (étudiants avancés ou ceux ayant achevé leurs études universitaires) de faire un séjour d'études à l'étranger. Les candidats sont proposés par les Bureaux centraux nationaux ; ils peuvent choisir le pays où ils veulent faire un séjour ; la somme accordée pour les études est proportionnelle au prix de la vie dans le pays en question. Pour les études à l'étranger, les pays les plus souvent choisis sont la Suisse, l'Allemagne, la France et l'Ecosse, quelquefois les Etats-Unis ou différents collèges ont fait des offres spéciales à certaines églises. Des comités de réception existent dans ces pays et sont, généralement, composés de représentants du corps enseignant. Outre l'aide donnée aux étudiants en théologie à l'étranger, le Centre européen a aussi accordé un certain nombre de bourses spéciales à de jeunes professeurs et pasteurs pour leur permettre de faire une enquête sur les conditions sociales et religieuses dans les pays étrangers (par exemple, sur les mouvements de jeunesse, la situation des protestants disséminés, les questions ouvrières, missions intérieures). L'Office central cherche par là à former des chefs pour les Eglises évangéliques (Leadership Programme).

Publications : La revue « Hands Across the Sea », précédemment publiée à des intervalles irréguliers, a été reprise par un service spécial de renseignements anglo-américain.

Pax Romana

Secrétariat international des Associations catholiques d'étudiants.
Fribourg, Suisse.

Secrétaire général : M. le professeur Joseph Gremaud, Fribourg,
Suisse.
Commission de Collaboration intellectuelle : Secrétaire : Dr Karl
Rudolph, Florianigasse 29, Vienne VIII.
Comité d'étudiantes : Présidente : Dr Luise Jorissen, Friedrich-
strasse 4, Munich.

Définition : Centre de renseignements pour toutes les Associations catholiques d'étudiants.
Fondation : 1921, à Fribourg, Suisse.
Ressources : Cotisations annuelles des Associations catholiques d'étudiants composant l'Organisation et souscriptions.
Activité : Propagation des idéals catholiques parmi les étudiants dans toutes les branches de la vie universitaire ; facilite les
voyages et le séjour d'étudiants aux universités étrangères, par les
secrétariats des Associations membres ; organisation de congrès
annuels. Immédiatement après la guerre, « Pax Romana » fonda le
« Auxilium Studiosorum » pour venir en aide aux étudiants nécessiteux.
Publication : « Pax Romana, Folia periodica » (mensuel).

Laura Spelman Rockefeller Memorial

Bureau central : 61, Broadway, New York.

Président : M. John D. Rockefeller Jr.

Définition : Dotation internationale pour favoriser les organisa-
tions de relèvement social (« Social Welfare Organisations »), de
« Child Study » et les études sociales.
Fondation : 1918.
Activité : Décerne des bourses de voyage, dont le montant
de base est $1.800, par an. Durée : 1 an au moins, peuvent être
prolongées d'un et, dans des cas exceptionnels, de deux ans.
Jusqu'à fin 1927, des bourses ont été décernées aux pays sui-
vants : Allemagne (18), Australie (1), Autriche (13), Danemark (2),
Etats-Unis (4), France (26), Grande Bretagne (55), Hollande (8),
Hongrie (1), Italie (8), Mexique (2), Norvège (5), Roumanie (2),
Suède (41), Suisse (3), Syrie (1), Tchécoslovaquie (18), Turquie (1),
Yougoslavie (2).
Représentants dans les différents pays : voir à ces pays.

Union internationale des étudiants
10, rue Saint-Léger, Genève

Président : M. le professeur Gilbert Murray, Oxford.
Secrétaire : M. Corliss Lamont.
Directeur : M. Harry D. Gideonse.

Définition : Club international d'étudiants.
Fondation : 1924.
Ressources : Cotisations des membres.
Activité : Donne des renseignements sur toutes questions
intéressant les étudiants à Genève, obtient des logements, organise
des excursions. Le cercle a des salles de réunion, une bibliothèque
avec toutes les publications de la Société des Nations ; il organise
des soirées de discussion ; est en contact constant avec le Bureau
international du Travail, le Secrétariat de la Société des Nations et
l'Université de Genève.

Union universelle des étudiants juifs
Office central : 103, Walm Lane, Londres N. W. 2.

Président d'honneur : M. le professeur Albert Einstein, Haberl-
andstrasse 5, Berlin.
Président : M. H. Lauterpacht LL. D., 103, Walm Lane, Londres
N. W. 2.
Secrétaire général : M. Léon Steinig, 9, rue Beauregard, Genève.

Définition : Union non-politique des Associations d'étudiants
juifs existant dans les divers pays.
Organisations affiliées : Les Associations d'Afrique du Sud,
Allemagne, Angleterre, Argentine, Autriche, Belgique, Dantzig,
Esthonie, France, Hongrie, Italie, Lettonie, Lithuanie, Palestine,
Pologne, Roumanie, Tchécoslovaquie, Suisse, Yougoslavie. Rela-
tions avec les Etats-Unis et la Bulgarie.
Fondation : En mai 1924, au Ier Congrès universel des Associa-
tions d'étudiants juifs.
Ressources : Contributions des Associations affiliées, dont le
montant est fixé par le Congrès universel. Frais d'adminis-
tration : £500 par an.
Personnel : Fonctionnaires administratifs honoraires.
Activité : Secours matériel aux Associations nationales, en
collaboration avec l'Entr'aide universitaire ; encouragement de

tous efforts tendant à obtenir pour les étudiants juifs des droits égaux dans les universités de tous pays ; efforts pour faire annuler le *numerus clausus* ; réglementation de l'émigration des étudiants juifs des pays où ils ne sont pas admis dans les universités ; création de fonds pour venir en aide aux étudiants nécessiteux ; office international de renseignements et office de placement pour les membres ; échange d'étudiants à l'intérieur de l'Union universelle.

Publications : « Yearbook of the Jewish Students », « Periodica » Bulletin (en voie de préparation).

ALLEMAGNE

DISPOSITIONS OFFICIELLES

Archaeologisches Institut des Deutschen Reiches
Direction centrale : Ansbacherstrasse 46, Berlin W 50

Secrétaire général et *Président* du Comité de direction (Berlin) :
M. le professeur Dr. Gerhart Rodenwaldt.

Fondation : 1829, sous le nom « Istituto di Corrispondenza
Archeologica » à Rome ; 1870, Institut prussien ; 1874, institution
du Reich.

Organisation : Dirigé par le Secrétaire général et le Comité de
direction, composé de représentants du « Reich » et des « pays »
allemands.

Sections : Römisch-Germanische Kommission, Palmengarten-
strasse, 12, Francfort-sur-le-Mein. Archäologisches Institut des
Deutschen Reiches à Athènes et Rome (voir « Grèce » p. 144 et
« Italie », p. 151).

Ressources : Budget annuel : approximativement RM. 660.000.

Activité : Accorde annuellement 7 bourses pour permettre aux
jeunes savants de compléter leurs études à l'étranger. Montant :
RM. 4.000, chacune. Conditions à remplir : Les candidats doivent
avoir obtenu un diplôme de docteur ou de professeur d'enseignement secondaire dans les trois dernières années. En général, Rome
doit être compris dans le programme. La bourse peut être prolongée
d'une année. Quatre bourses pour archéologues classiques ; 1 bourse
pour archéologue s'intéressant à l'antiquité chrétienne ; 1 bourse
pour un architecte. Aide pécuniaire aux savants allemands pour recherches à l'étranger ; invitations aux savants étrangers, par l'intermédiaire du Bureau central et des sections, en vue de conférences et de voyages d'études en Allemagne ; les boursiers allemands
et étrangers sont, suivant la place disponible, logés aux Instituts
d'Athènes et de Rome ; ils sont également logés à Constantinople
et à Francfort-sur-le-Mein. Organisation de conférences et de cours
scientifiques réguliers, qui peuvent être suivis par les savants
allemands et étrangers.

Publications : « Jahrbuch des Archäologischen Instituts nebst
Archäologischem Anzeiger und Bibliographie ».

UNIVERSITÉS

Université de Berlin

Akademisches Auskunftsamt an der Universitaet Berlin
(Bureau des renseignements universitaires à l'Université de Berlin)
Universität, Berlin C2.

Directeur : M. le professeur Dr. Karl Remme.

Définition : Bureau de renseignements de l'Etat pour toutes les questions universitaires ; est à la disposition des Allemands et des étrangers.
Fondation : 1904.
Publication : Karl Remme, « Die Hochschulen Deutschlands », édition pour étrangers, 1927.

Deutsches Institut für Ausländer in Berlin
(Institut allemand pour les étrangers)
Universität, Berlin C 2.

Directeur : M. le professeur Dr. Karl Remme.
Directeur des études : M. le Dr. Georg Kartzke.

Fondation : 1922.
Ressources : Droits d'inscription des étudiants.
Activité : Organisation de cours de langue allemande et de perfectionnement, conférences sur l'Allemagne, visites des musées, etc., excursions, réceptions, voyages d'études en Allemagne pour étrangers, cours spéciaux pour professeurs d'allemand, à l'étranger ; procure des chambres. Les adhérents ont à leur disposition une bibliothèque importante d'ouvrages allemands. Les diplômes décernés par l'Institut sont acceptés par les universités et les grandes écoles allemandes comme preuve d'une connaissance suffisante de l'allemand pour l'admission.
Publications : « Mitteilungen des Deutschen Instituts für Ausländer » (mensuel) ; « Deutschland », textes pour étudiants étrangers, recueillis par le professeur K. Remme, 1928.

Pour les **Comités de Patronage**, institués par diverses universités, voir à « Deutsche Akademische Auslandsstelle des Verbandes der Deutschen Hochschulen », p. 29.

ORGANISATIONS DIVERSES

Akademischer Austauschdienst
(Service des échanges universitaires)
Schloss, Portal III, Berlin C 2

Président : M. le professeur Dr. Bruns, directeur de l'« Institut für ausländisches öffentliches Recht und Völkerrecht » (Institut de droit public étranger et droit international), Berlin.
Secrétaire général : M. le Dr. Morsbach.

But : Développement des relations universitaires avec les pays étrangers.

Fondation : 1925 ; était à l'origine la « Staatswissenschaftliche Austauschstelle » (Centre d'échange), créé par l'Institut de Sciences politiques et sociales de Heidelberg en 1924 ; transféré à Berlin en 1925.

Organisation : Conseil de direction ; Assemblée générale des membres ; Comité de patronage (représentants d'organisations similaires, amis et membres bienfaiteurs de l'Austauschdienst), Comité des représentants de l'Austauschdienst auprès des universités. Organisations affiliées : American-German Student Exchange, Inc., 2 West 45th Street, New York City. Directeur : M. Archie M. Palmer. Anglo-German Academic Board, 16, Russell Square, London W. C. 1. (voir « Grande Bretagne », p. 110).

Ressources : Cotisations annuelles des membres, dons et subventions.

Activité : Fait obtenir en Allemagne pour étrangers et à l'étranger pour nationaux, sur une base de réciprocité, des bourses pour élèves, étudiants, jeunes savants faisant des recherches et professeurs. Bourses en espèces de 2.000 marks pour dix mois, ou pension gratuite dans des familles ou foyers d'étudiants, avec exemption des droits d'inscription de scolarité, pour étudiants étrangers en Allemagne, en échange du placement d'étudiants allemands par les organisations correspondantes à l'étranger. Outre ces bourses, quelques petites bourses et prêts peuvent être accordés sur le fonds de prêts de l'Union des étudiants allemands et de la Harmon Foundation, New York.

Echanges avec les Etats-Unis

1924/25 : 13 bourses aux Etats-Unis, pour des Allemands.
1925/26 : 16 — aux Etats-Unis, pour des Allemands.
      15 — en Allemagne, pour des Américains.
1926/27 : 26 — aux Etats-Unis, pour des Allemands.
      20 — en Allemagne, pour des Américains.
1927/28 : 33 — aux Etats-Unis, pour des Allemands.
      26 — en Allemagne, pour des Américains.
1928/29 (en chiffres ronds) :
      50 bourses aux Etats-Unis pour des Allemands.
      40 — en Allemagne, pour des Américains.

Classement des étudiants échangés suivant les Facultés :

Allemands	*Américains*
1927/28 : 12 Droit et Sciences politiques (1).	2 Droit et Sciences politiques.
6 Théologie.	8 Théologie (2).
7 Philologie.	10 Philologie.
3 Sciences exactes et naturelles.	3 Sciences exactes et naturelles.
3 Etudes techniques.	3 Etudes techniques.
2 Médecine.	

Echanges avec l'Angleterre

1926/27 : 1 bourse en Angleterre, pour un Allemand.
      5 bourses en Allemagne, pour des Anglais.
1927/28 : 5 — en Angleterre, pour des Allemands.
      4 — en Allemagne, pour des Anglais.
1928-29 (en chiffres ronds) :
      10 bourses en Angleterre, pour des Allemands.
      10 — en Allemagne, pour des Anglais.

Classement des étudiants échangés suivant les Facultés :

Allemands	*Anglais*
1926/27 : 1 Sciences politiques.	1 Sciences politiques.
	2 Philologie.
	2 Sciences.
1927/28 : 4 Philologie.	2 Philologie.
1 Droit.	1 Théologie.
	1 Sciences.

L'Akademischer Austauschdienst a fondé, en 1927, l' « Anglo-German Academic Bureau » (voir p. 110) pour le développement

---

(1) De plus, en 1927/28, 12 anciens étudiants échangés furent nommés instituteurs ou professeurs-adjoints dans les universités et grandes écoles.

(2) En collaboration avec le *Deutscher Evangelischer Kirchenausschuss*, Berlin.

des relations intellectuelles avec l'Angleterre (renseignements sur les universités et grandes écoles, arrangement pour séjours de vacances, renseignements sur les cours de vacances, échanges de professeurs).

Publication : « Der Akademische Austauschdienst 1924-1926 », Berlin.

Amerika-Institut
Universitätsstrasse 1, Berlin N W 7

Directeur : M. le Dr. K. O. Bertling.
Directeur-adjoint : M. le professeur P. Grossmann.

But : Encourager les rapports intellectuels entre l'Amérique et l'Allemagne.

Ouverture : 1911.

Organisation : Sous le contrôle et la surveillance du Ministère prussien de l'Instruction publique ; en collaboration étroite avec le Smithsonian Institute à Washington, et avec l'Institute of International Education, à New York. Divisé en différentes sections, dont un service germano-américain de renseignements.

Activité : Met ses services à la disposition des universitaires allemands désirant faire des voyages d'études en Amérique, soit seuls, soit en groupes, et des Américains venant à Berlin pour étudier les méthodes et les institutions pédagogiques allemandes. Facilite et encourage de toutes les manières les voyages d'études germano-américains.

Amerika-Werkstudentendienst
(Service des étudiants ouvriers en Amérique)
Kaitzerstrasse 2, Dresden

Fondation : 1926, comme section spéciale de l'Association coopérative des étudiants allemands (voir p. 34).

Siège en Amérique : « German Student Cooperative Association Office, New York », 347, Madison Avenue, New York City ; Comité consultatif à New York ; Président : M. Stephen P. Duggan ; le Comité exécutif allemand est à Dresde.

Activité : Permet aux jeunes universitaires allemands de travailler dans les usines américaines. Une centaine d'ingénieurs et d'agriculteurs envoyés annuellement en Amérique, pour une période de 2 ans comme «work-student», après achèvement de leurs études (actuellement 140 membres en Amérique). D'accord avec le gouvernement des Etats-Unis, les étudiants ouvriers ne peuvent offrir leurs services en dehors du poste qui leur est assigné.

Centro Hispania
Hôtel Terminus, Potsdamerstrasse 6, Berlin W. 9

Président : M. le Dr. Fr. Tinius, Gartenstrasse 7, Berlin N. 4.

Définition : Association pour l'encouragement de rapports scientifiques et intellectuels entre l'Allemagne et l'Espagne.
Fondation : 1922.
Ressources : Cotisations des membres.
Activité : Aide aux universitaires espagnols venant à Berlin.
Publication : « Boletin del Centro Hispania », Berlin (5ᵉ année, 1928).

Collegium Hungaricum
Dorotheenstrasse 2, Berlin N W 7

Directeur : M. le Dr. Michael Tamedly.

Fondation : 1923 (voir p. 146).
Personnel : Un Directeur et un Secrétaire rémunérés.
Ressources : Subventions de l'Etat hongrois.
Activité : Entretient environ annuellement 40 boursiers nommés par le Gouvernement hongrois, dont la plupart, après avoir obtenu leur diplôme, font des études dans les diverses institutions scientifiques à Berlin.

Deutsch-akademisches Institut für Studienreisen
(Institut académique allemand pour les voyages d'études et de recherches)
Kurfürstenallee 12, Berlin-Charlottenburg 2

Fondation : En 1928, comme société allemande à responsabilité limitée, par la transformation, sous le nouveau titre, du Service des voyages d'étude de l'Office des affaires étrangères de l'Association d'étudiants allemands. Représentant officiel des Associations d'étudiants allemands.
Organisation : En voie d'élaboration.
Activité : Organisation de voyages d'études en Allemagne et de l'Allemagne à l'étranger, pour étudiants, universitaires et professeurs. Pour tous renseignements, s'adresser à l'Office des affaires étrangères de l'Association des étudiants allemands (voir p. 30).

Deutscher Akademikerinnenbund
(Fédération allemande des femmes diplômées des Universités)
Berlin

Présidente : Mme la Dr. Agnes von Zahn-Harnack, Kunz-Bunt-schuhstrasse 2, Berlin-Grunewald.
Groupe local de Berlin : Mlle la Dr. med. Ilse Szagunn, Kantstrasse, 20, Berlin-Charlottenburg.

Membre de l'I. F. U. W. (voir p. 14).

Deutsche Akademische Auslandsstelle des Verbandes der Deutschen Hochschulen
(Office universitaire des affaires étrangères de l'Association des Universités allemandes)
Kaitzerstrasse 2, Dresden

Directeur : M. le Dr. Reinhold Schairer.

But : Aide et conseils aux étudiants étrangers en Allemagne et aux étudiants allemands qui vont à l'étranger.

Fondation : 1927.

Organisation : Comité composé de professeurs d'Université, qui ont des relations avec l'étranger, avec la collaboration de représentants de la municipalité, de milieux industriels et commerciaux et d'étudiants compétents.

Organisations affiliées : les Akademische Auslandsstellen (Offices universitaires des affaires étrangères) à : Bonn (Lennestrasse 26, Foyer des Etudiants) ; Darmstadt (Ecole polytechnique); Francfort-sur-le-Mein (Mertonstrasse 17) ; Hambourg (Université) ; Heidelberg (Marstallhof 5) ; Iéna (Université) ; Karlsruhe i. B. (Fasanenschlössle) ; Cologne (Claudiusstrasse 1) ; Leipzig (Ritterstrasse 14) ; Marburg-Lahn (Reitgasse 11) ; Munich (Luisenstrasse 67, Foyer des Etudiants) ; Würzburg (Residenz).

Activité : Organisation de voyages en vue de conférences et d'études, pour étrangers en Allemagne et pour Allemands à l'étranger. Conseils et renseignements concernant les études en Allemagne et à l'étranger ; hospitalité offerte aux étudiants étrangers ; mise en contact avec milieux universitaires. Organisation de conférences sur les études à l'étranger ; renseignements et organisation pour séjours de vacances ; cours de langue et de civilisation allemande pour les étudiants étrangers ; collaboration **avec** l'Akademischer Austauschdienst.

Publications : « Führer für ausländische Studierende in Deutschland », Dresde 1928, « Ratgeber für das Studium im Auslande », Dresde 1928 (en prépararion).

Deutsche Studentenschaft, Auslandsamt
(Association des étudiants allemands, Office des affaires étrangères)
Grossbeerenstr. 93, Berlin SW 11

Directeur : M. Hermann Proebst, cand. phil.

But : Entretenir et encourager les relations internationales.
Fondation : 1919.
Organisation : Le Directeur est élu tous les ans ; services locaux pour l'étranger dans presque toutes les Universités importantes d'Allemagne.
Ressources : Prélèvement approuvé par le Congrès des Etudiants sur les cotisations versées à l'Union ; subvention de la « FördererverVereinigung des Auslandsamtes ».
Activité : Organisation de voyages d'études en Allemagne pour les universitaires étrangers, avec le concours de la «Reichszentrale für Verkehrswerbung », des compagnies de navigation, des Associations pour les voyages à l'étranger, des administrations privées et des autorités communales ; obtention d'une réduction de 50 % sur les chemins de fer de l'Etat pour des groupes de plus de 9 membres ; pour les étudiants étrangers, dans les 14 jours après le commencement et avant la fin des vacances, une réduction de 50 % sur le prix du voyage depuis et jusqu'à la frontière allemande ; accord avec la C. I. E. en vue d'une collaboration pratique ; entretien de rapports actifs avec les autres Unions et Associations internationales, notamment avec l'I.S.H.A. (voir p. 18) : échange de renseignements avec d'autres Unions nationales d'étudiants.
Publications : Rapport annuel sur ses activités, numéros spéciaux sur l'étranger du journal de la Deutsche Studentenschaft »

Harnack-Haus der Kaiser-Wilhelm-Gesellschaft
(Maison-Harnack de la Société Kaiser-Wilhelm)
Berlin-Dahlem

Fondation : 1927. Actuellement en construction.
But : Offrir l'hospitalité aux savants étrangers, leur assurer le confort et faciliter leurs travaux de recherches ; les mettre en rapports avec des savants allemands.

Hauptgemeinschaft ausländischer Studierender in Deutschland e. V.
(Union centrale des étudiants étrangers en Allemagne)
Fasanenstrasse 23, Berlin W 15

Président : M. S. Tschatschibaja.

Définition : Union des Associations d'étudiants étrangers fréquentant les établissements d'enseignement supérieur de Berlin.

Fondation : L'Union centrale, le 18 mars 1928 ; l'Union des étudiants étrangers à l'Université, 1922 ; à la Haute École de Commerce, 1923 ; à l'Ecole Polytechnique, 1926-27.

Ressources : Cotisations des membres.

Personnel : Les membres du Conseil d'administration non rétribués ; 1 secrétaire rétribué.

Activité : Facilite les rapports entre les étudiants étrangers et les milieux sociaux allemands ; représente les intérêts économiques et juridiques des étudiants étrangers en Allemagne ; création d'un Bureau spécial de renseignements pour s'occuper de tout ce qui concerne les étudiants ; conseils aux étudiants ; organisation de voyages à l'étranger.

Alexander von Humboldt-Stiftung
(Fondation Alexander von Humboldt)
Siège : Alexander von Humboldt-Haus, Fasanenstrasse 23, Berlin W 15

Fondateur et *Président* : M. le Dr. Theodor Lewald, ancien Secrétaire d'Etat, Kaiserin Augustastrasse 58, Berlin W 10.

But : Encourager, notamment par l'attribution de bourses et de secours aux étudiants, les étrangers à fréquenter les universités et autres institutions d'enseignement allemands.

Fondation : 1925.

Organisation : Conseil d'administration qui choisit les boursiers, et Comité de Patronage.

Ressources : Dispose de 120.000 à 150.000 RM. par an (subventions officielles et dons privés).

Activité : Accorde annuellement environ 80 bourses, d'une valeur maxima de 1.500 RM. chacune ; à l'occasion, des secours plus importants aux étudiants étrangers. Les boursiers sont exempts des frais de scolarité ; conseils concernant les études ; organisation du séjour ; recommandation des boursiers aux professeurs de leurs Facultés.

La Maison Alexander von Humboldt, créée par la Fondation, est le foyer des étudiants étrangers fréquentant les universités allemandes. Réceptions, repas, salles de travail et de lecture.

Publications : « Mitteilungsblatt der Alexander von Humboldt-Stiftung », Berlin (mensuellement).

Internationales Institut für Studentische Selbsthilfe und Gemeinschaftsarbeit
(Institut international d'entr'aide et d'organisation coopérative des étudiants)
Kaitzertrasse 2, Dresden

Directeur : M. le Dr. Reinhold Schairer.

But : Expliquer les conditions de fait et les méthodes poui l'organisation d'instituts d'entr'aide universitaire, et concourir à cette organisation.

Fondation : 1927, à la suite de la Semaine d'études des méthodes d'entr'aide et de «self-help», organisée par l'Entr'aide universitaire.

Activité : Enquêtes sur la situation matérielle des étudiants des divers pays et sur leurs organisations d'entr'aide ; transmission de renseignements à tous groupements d'étudiants ; concourt au développement d'entr'aide parmi les étudiants.

Notgemeinschaft der Deutschen Wissenschaft
Schloss, Portal III, Berlin C 2

Président : M. le Dr. Friedrich Schmidt-Ott, ancien ministre d'Etat, Schillerstrasse 7, Berlin-Steglitz.

Président du Comité central : M. le professeur Dr. von Harnack, Kunz-Buntschuhstrasse 2, Berlin-Grunewald.

But : Aide matérielle pour les travaux scientifiques allemands.

Membres : Toutes les Universités et Écoles supérieures allemandes faisant partie du «Verband der Deutschen Hochschulen » ; la «Kaiser-Wilhelm-Gesellschaft zur Förderung der Wissenschaften», la « Gesellschaft Deutscher Naturforscher und Aerzte », le « Deutscher Verband technisch-wissenschaftlicher Vereine ».

Fondation : Octobre 1920, sur l'initiative de l'Academie des Sciences à Berlin.

Organisation: Divisée en Comités spéciaux et techniques représentant les diverses branches de la science ; conciliation par le Comité central des intérêts divers des groupements techniques ; réunion des milieux économiques et financiers dans le « Stifterverband der Notgemeinschaft ».

Ressources : Subventions annuelles accordées par le Ministère de l'Intérieur ; dons allemands et étrangers.

Activité : Outre l'appui donné à tous travaux scientifiques, à diverses organisations et publications scientifiques en Allemagne, accorde des bourses pour travaux de recherches à l'étranger et pour fouilles ; accorde aux jeunes savants un nombre de bourses, variant d'année en année, pour des travaux de recherches déterminés ou d'après des directives nouvelles. Des bourses pour les études complémentaires sont accordées uniquement aux jeunes étudiants en médecine, pour les études aux Etats-Unis ou au Canada sur les fonds de la Fondation Rockefeller. La Section de l'Enseignement médical de la Fondation Rockefeller a, en 1927, mis à la disposition de l'Association pour deux ans, la somme de $30.000 pour être répartie parmi les jeunes étudiants en médecine. Les candidats doivent avoir achevé leurs études universitaires et leur stage d'une année, et justifier de travaux scientifiques, théoriques ou cliniques ; limite d'âge, en général, 35 ans ; durée de la bourse, I an, en général. La valeur de chaque bourse varie selon les conditions particulières de chaque cas.

Publications : Rapports de la «Notgemeinschaft der Deutschen Wissenschaft », Berlin (6e Rapport, 1927).

Laura Spelman Rockefeller Memorial, Comité allemand
(voir p. 20)
Schloss, Portal III, Berlin C 2

Président : M. le Dr. F. Schmidt-Ott, Président de la « Notgemeinschaft der Deutschen Wissenschaft », Berlin.

Membres : MM. le Dr. Paul Kehr, Directeur des Archives de l'Etat de Prusse, Berlin ; le professeur A. Mendelssohn-Bartholdy, Université de Hambourg ; le professeur H. Oncken, Université de Munich ; le professeur H. Schumacher, Université de Berlin ; M. le Dr. A. W. Fehling, Secrétaire de la « Notgemeinschaft der Deutschen Wissenschaft », Berlin (Secrétaire).

Studienstiftung des Deutschen Volkes
(Fondation universitaire du peuple allemand)
Kaitzerstrasse 2, Dresden

Directeur : M. le Dr. Reinhold Schairer.

But : Permettre chaque année, à 150-200 bacheliers ou étudiants allemands de faire des études supérieures.

Fondation : Provoquée par l'Association coopérative des étudiants allemands (voir ci-dessous).

Organisation : Administrée par la même en coopération avec un Comité de 30 membres (professeurs de l'enseignement supérieur et secondaire, représentants des gouvernements, étudiants et bienfaiteurs).

Activité : La Fondation prend à sa charge les frais d'études et d'entretien de ses boursiers (1928 : environ 1.100, dont 41 étudient à l'étranger).

Wirtschaftshilfe der Deutschen Studentenschaft e.V.
(Association coopérative des étudiants allemands)
Kaitzerstrasse 2, Dresden

Directeur général : M. le Dr. Reinhold Schairer.
Président du Conseil d'administration : M. le professeur Dr. Schlink, Darmstadt.

Définition : Organisation centrale d'entr'aide et de secours des étudiants en Allemagne, réunissant 51 organisations d'entr'aide des universités et écoles supérieures allemandes.

Fondation : Février 1921.

Organisation : Association enregistrée, dirigée par un Conseil d'administration, sections spéciales : « Studienstiftung des Deutschen Volkes » (voir ci-dessus) et « Amerika Werkstudenten-Dienst » (voir p. 20). *Affilié* : « Darlehnskasse der Deutschen Studentenschaft e. V. » Conseil d'Administration de 8 membres.

Ressources : Souscriptions et dons de sources privées et publiques ; cotisations par étudiants allemands.

Activité : En 1921, avec le concours de la Société des Amis (Quakers), a organisé la majorité des cantines d'étudiants en Allemagne ; collabore avec l'I. S. S. (dont le Comité administratif comprend le Directeur général de la « Wirtschaftshilfe ») ; de 1921 à

1925, a réparti parmi les universités allemandes environ 2 millions et demi de marks-or provenant de l'I. S. S. ; s'occupe des voyages d'études en Allemagne organisés par l'I.S.S. pour les étudiants étrangers. Les restaurants, foyers et institutions de prévoyance sociale pour étudiants, organisés par la « Wirtschaftshilfe » en Allemagne, sont également accessibles aux étudiants étrangers, et leur procurent des réductions sensibles sur le prix de la vie.

Publications: Rapports; «Studentenwerk» (trimestriel, Dresde); « Der deutsche Hoschschulführer » (Dresde, 1928).

Zentralinstitut für Erziehung und Unterricht, Auslandsabteilung
(Institut central d'éducation et d'enseignement, Section étrangère).
Potsdamerstrasse 120, Berlin W 35.

Directeur général de l'Institut : M. le professeur Dr. Pallat.
Directeur de la Section étrangère : M. F. J. Niemann.

But : Faciliter le séjour en Allemagne de pédagogues étrangers.

Fondation de l'Institut : 1915, par la « Jubiläumsstiftung für Erziehung und Unterricht », avec l'appui du Reich, la majorité des pays composant le Reich, et d'importantes sociétés et associations.

Activité : Encouragement des rapports internationaux parmi le personnel enseignant ; bureau de renseignements pour les pédagogues étrangers; s'entremet pour eux auprès des administrations gouvernementales et municipales de l'Instruction publique ; organise des cours d'été pour la pédagogie et des voyages d'études en Allemagne pour pédagogues étrangers ; obtient des réductions de prix, des logements, etc.

Zentralstelle für studentische Voelkerbundsarbeit in Deutschland
(Groupement universitaire allemand pour la Société des Nations)
Potsdamerstrasse 103 a, Berlin W 35

Président : M. le Dr. Kurt Göpel, Fasanenstrasse 23, Berlin W. 15.
Secrétaire général : M. Gerhard Haucke.

Fondation : 1923 ; depuis 1926, section universitaire de la Ligue allemande pour la Société des Nations. Membre allemand de la F.U.I.

Organisation : Comité exécutif, comprenant un représentant de chacune des organisations affiliées. Le groupement est représenté au dehors par le Président (élu annuellement) et conseillé par un Comité d'Honneur. Sont affiliées, les organisations universitaires des partis nationaliste, populiste, centriste, démocrate et social-démocrate, et l'Association allemande des étudiants pacifistes ; en outre, membres individuels de la Ligue allemande pour la Société des Nations.

Ressources : Fournies par la Ligue allemande pour la Société des Nations, des subventions officielles et des cotisations.

Activité : Le groupement organise des discussions, conférences, cercles d'études, auxquelles sont invités les étudiants étrangers ; à partir de 1928, et en collaboration avec la « Deutsche Hochschule für Politik », il organise des cours spéciaux et gratuits sur la politique étrangère, à la portée des auditeurs étrangers ; il sert d'intermédiaire auprès des foyers d'étudiants dans les centres universitaires allemands, d'accord avec la Ligue pour la Société des Nations ; il s'entremet pour établir une correspondance régulière entre étudiants allemands et étrangers.

AUTRICHE

DISPOSITIONS OFFICIELLES

Le Ministère de l'Instruction publique

alloue depuis plusieurs années des bourses à des professeurs de l'enseignement secondaire (7 bourses pour l'Angleterre du montant de 700 schillings environ chacune). On se propose de développer cette action.

UNIVERSITÉS

Université de Vienne

Wiener Akademische Gesellschaft
(Société Universitaire de Vienne)
Université, Wien I

Président : M. Felix Trojan.

Fondation : Née des cours de langues des cours universitaires internationaux de Vienne.
Activité : Favorise et développe les bonnes relations personnelles et sociales entre les étudiants étrangers à Vienne.

ORGANISATIONS DIVERSES

Austro-American Institute of Education
Elisabethstrasse 9, Wien I.

Présidents honoraires : Le Ministre d'Autriche à Washington et le Ministre des Etats-Unis à Vienne.
Directeur : M. le Dr. Paul L. Dengler.

But : Encouragement des rapports intellectuels entre les Etats-Unis et l'Autriche.

Fondation : 1926. Est placé sous le patronage de l'Institute of International Education, New York, et de l'America-Austria Society, à Vienne.

Organisation : Administré par le Directeur et par un Comité exécutif.

Ressources : Cotisations et dons. Budget en 1927 : 3,600,000 shilling.

Personnel : Directeur, 1 Secrétaire administratif, 1 Secrétaire, 1 Sténographe.

Activité : Bureau de renseignements universitaires pour les Etats-Unis et l'Autriche ; conseils sur les études ; établissement de plans d'études ; procure des lettres d'introduction, échanges de professeurs ; organise des voyages d'études pour les étudiants américains en Autriche ; organise des cours académiques de vacances pour les étudiants de langue anglaise à Vienne (Vienna Summer School) ; facilite le séjour des étudiants américains à Vienne ; favorise et subventionne les voyages d'études aux Etats-Unis pour des professeurs et étudiants autrichiens ; les étudiants autrichiens des grandes écoles techniques et agricoles peuvent passer une ou plusieurs années de travail pratique aux Etats-Unis.

Publication : Rapport annuel (Vienne).

Austro-English Interchange Committee
Université, Wien I

Président honoraire : Son Exc. le Chancelier Dr. Seipel.

Définition : Comité pour l'échange avec l'Angleterre de professeurs des écoles secondaires et d'étudiants.

Organisation : 30 membres (parmi eux des représentants des administrations et des universités. Organisation correspondante en Angleterre : Anglo-Austrian Committee for the Interchange of Teachers and Students (voir Grande-Bretagne, p. 108).

Bécsi Magyar Történeti Intézet
(Institut hongrois de recherches historiques à Vienne)
Museumstrasse 7, Wien VII

Directeur : M. le Dr. A. Károlyi.

But : Encouragement aux recherches historiques hongroises à Vienne.

Fondation : En 1920, par la Société historique hongroise ; repris en 1924 par le Ministère hongrois de l'Instruction publique.

Budget annuel : 35.000 schillings.

Activité : Le nombre des membres de l'Institut s'élève en moyenne à 5-6, pour la plupart des boursiers de l'Etat hongrois ; en outre, trois places (logement gratuit) sont toujours réservées à des historiens allemands.

Collegium Hungaricum
Museumstrasse, 7, Wien IX

Directeur : M. le Dr. Anton Laban.

Fondation : 1924.

Organisation : Un directeur et un secrétaire rémunérés.

Activité : Loge, entretient et pourvoit aux frais d'études de 40-50 boursiers du gouvernement hongrois et surveille leurs études (voir p. 146).

Comité universitaire austro-français
Liebiggasse 5, Wien I

Secrétaire général : M. le professeur Karl Ettmayer.

Définition : Association pour favoriser les échanges universitaires entre l'Autriche et la France.

Fondation : 1926.

Organisation : Se compose d'un Comité d'honneur et d'un Comité général des étudiants, ce dernier comprenant un représentant de chacune des principales associations autrichiennes d'étudiants.

Ressources : Dons.

Activité : Donne des renseignements sur les conditions d'étude et de séjour en France et en Autriche, procure des logements, obtient des facilités de voyage et de visa. Organise les échanges d'étudiants entre la France et l'Autriche. Transmet aux autorités compétentes les demandes d'obtention pour les bourses du Gouvernement français (deux par an de 7.000 frs. chaque) et celles du Ministère autrichien de l'Instruction publique, permettant un séjour d'un semestre dans une université française.

Gesamtverband jüdischer Hochschüler Oesterreichs «Judäa»
(Confédération des étudiants juifs d'Autriche)
Zimmermannsplatz 8, Wien IX

Président : M. le Dr. Eduard Pachtmann.
Secrétaire : M. Alexander Teich.

Définition : Fédération de huit Associations juives d'étudiants d'Autriche, pour la protection de leurs intérêts matériels et intellectuels.
Organisation : Gérée par le «Jüdischer Hochschulausschuss».
Ressources : Cotisations des membres, dons, souscriptions.
Activité : Fondation d'organisations économiques, philanthropiques et de prévoyance sociale (fonds pour les droits d'inscription et d'examen, caisses de secours et de maladie). Mensa academica à Vienne et à Graz ; foyer des étudiants à Grinzing ; obtention de postes ; conseils aux étudiants israélites de toute nationalité.
Publications : «Das Wiener Hochschulstudium » (Vienne) ; «Mitteilungen des jüdischen Hochschulausschusses » (Vienne, périodique, no 1, mars 1928).

Pazmaneum
Boltzmanngasse 14, Wien IX

Directeur : M. le Dr. Etienne Csárszky .

Définition : Séminaire pour les étudiants hongrois en théologie catholique.
Fondation : 1623, par une dotation du Cardinal hongrois Petrus Pázmány.
Organisation : 30 membres annuellement, étudiants à la Faculté de théologie de l'Université de Vienne et boursiers des diocèses catholiques hongrois ; le Séminaire loge et entretient ses membres ; il pourvoit aux frais d'études de ses membres et surveille leurs études.

Laura Spelman Rockefeller Memorial,
Représentant autrichien

M. le professeur Alfred F. Pribram, Université, Vienne (cf. p. 20).

BELGIQUE

DISPOSITIONS OFFICIELLES

Le Ministère des Sciences et des Arts

a, depuis 1921, proposé à 14 pays de conclure avec lui des accords en vue de l'échange régulier de professeurs et d'étudiants, et, jusqu'à présent, a passé les conventions suivantes :

Accord concernant les rapports intellectuels entre la Belgique et la France
(17 juin 1921)

Voir « France », p. 65. Actuellement 12 professeurs de chaque pays sont échangés.

Accord concernant les rapports intellectuels entre la Belgique et le Grand-Duché de Luxembourg (1)
(21 septembre 1923)

Echange de Professeurs : Un professeur belge et un professeur luxembourgeois seront appelés à se remplacer ou à occuper des postes similaires pendant un semestre ou une année scolaire. Des savants ne faisant pas partie du personnel de l'enseignement officiel peuvent également bénéficier de l'échange. Les postes sont occupés à l'étranger aux mêmes conditions que dans le pays d'origine. Les professeurs d'échange jouissent à l'étranger des mêmes droits que les professeurs nationaux, sauf en ce qui concerne l'administration intérieure et les questions de personnel.

Echange d'élèves, équivalence de scolarité et de diplômes. On cherchera à faciliter aux étudiants luxembourgeois la fréquentation des universités belges.

Nomination d'une Commission mixte permanente, composée de représentants des deux pays et appelée à statuer sur diverses questions et à proposer les candidats.

---

(1) Voir, pour le texte complet, le *Bulletin des Relations Universitaires* de l'Institut international de Coopération intellectuelle, III (1926), n° 3.

Accord concercant les rapports intellectuels entre la Belgique et les Pays-Bas (1)
(26 octobre 1927, ratification imminente)

Commission technique, avec une section à La Haye et une à Bruxelles, organisées et dirigées par les Ministres de l'Instruction publique.

L'Echange de professeurs doit avoir lieu régulièrement parmi les professeurs et conférenciers des deux pays. Honoraires payés par le pays d'origine ; les conditions détaillées sont à l'étude.

Bourses : Chaque gouvernement a créé une bourse destinée à un docteur ou licencié, savant ou artiste de l'autre pays.

Accord concernant les rapports intellectuels entre la Belgique et la Pologne (2)
(1er septembre 1925)

Echange de professeurs : Un professeur belge et un professeur polonais seront appelés à se remplacer ou à occuper des postes similaires pendant un semestre ou une année scolaire. Peuvent également bénéficier de l'échange, des savants ne faisant pas partie du personnel de l'enseignement officiel. Les candidats sont proposés par une Commission technique.

Echange d'étudiants, équivalence de scolarité : des Commissions spéciales sont appelées à soumettre aux gouvernements relatifs des modifications éventuelles de la loi ou des règlements, afin d'assurer des équivalences d'études. La Pologne accorde aux étudiants belges des bourses s'élevant en tout à 3,500 zloty par an, pour les études en Pologne.

Création d'une Commission technique : Divisée en un Sous-Comité belge et un Sous-Comité polonais, pour s'occuper de ces questions.

Echange régulier d'étudiants avec la Tchécoslovaquie

Le Gouvernement belge accorde tous les ans des bourses s'élevant au total à 10.000 fr. belges, pour permettre à quelques étudiants tchécoslovaques de faire des études en Belgique. Le Gouvernement tchécoslovaque accorde tous les ans une somme de 15.000 couronnes tchécoslovaques aux étudiants belges pour faire des études en Tchécoslovaquie.

---

(1) Voir, pour le texte complet, le *Bulletin des Relations Universitaires*, IV (1928), n° 3.

(2) Voir, pour le texte complet, le *Bulletin des Relations Universitaires*, III (1926), n° 3.

Bourses de voyage accordées par l'Etat aux Belges

Par an :
14 bourses de voyage pour les Belges ayant obtenu, depuis moins de deux ans, le diplôme légal de docteur, de pharmacien ou d'ingénieur. *Montant* des sommes consacrées annuellement à ces bourses: 112.000 fr. belges. *Durée*: 2 ans. 4 bourses de voyage aux porteurs de diplômes scientifiques. *Montant total* : 16.000 fr. belges.

Aide aux docteurs belges en Philosophie (philologie classique, histoire ancienne, archéologie), qui sont admis à l'Ecole française à Athènes.

UNIVERSITÉS

Les Universités disposent d'un fonds dénommé le «Patrimoine de l'Université, Fonds Hoover », doté par Herbert Hoover sur une partie des fonds restant entre les mains de la « Commission for Relief in Belgium » et du Comité National de Secours et d'Alimentation. Sur ce fonds, des bourses de voyage peuvent être accordées aux professeurs belges.

ORGANISATIONS DIVERSES

Fondation Baron Janssen
Bruxelles

Fondation : En 1911, en l'honneur du Baron Janssen et des membres du Comité administratif de l'Exposition universelle de 1910 à Bruxelles.

Activité : Accorde annuellement une bourse de voyage, s'élevant à 10.000 fr. belges, pour les Belges ayant achevé, dans les trois dernières années, leurs études à une Université belge, une Ecole supérieure de Commerce ou une Ecole supérieure d'Industrie. Avec l'aide de la Fondation, les bénéficiaires doivent compléter leur éducation dans un pays étranger et doivent notamment se renseigner sur les possibilités de développer le commerce et l'industrie de la Belgique.

Fondation Georges Montefiore Lévi
Bruxelles

Un prix, constitué par les intérêts de 150.000 fr. belges, est décerné tous les trois ans pour le meilleur ouvrage sur les progrès scientifiques et techniques réalisés dans l'industrie électrique ; le concours est international.

En outre, des bourses de voyage sont également accordées par la fondation.

Fondation universitaire
11, rue Egmont, Bruxelles

Président : M. le ministre Emile Francqui.

But : Faciliter les études supérieures aux Belges sans ressources et favoriser ainsi la production scientifique et intellectuelle de la Belgique.

Fondation : 1920, avec le solde du capital de la « Commission for Relief in Belgium » et du Comité National de Secours et d'Alimentation.

Organisation : Les affaires courantes sont expédiées : 1º par un Bureau dont les membres (parmi lesquels, les Recteurs des Universités de Bruxelles, Gand, Liége et Louvain) sont nommés par le Conseil d'administration ; 2º par des commissions spéciales. La Fondation est administrée par un Conseil d'administration composé de représentants des Ecoles belges de Hautes Études et de la « Commission for Relief in Belgium, Educational Foundation ».

Ressources : Avait environ 55.000.000 de francs-belges l'année de sa fondation.

Activité : Organise les échanges de professeurs avec l'étranger ; accorde un certain nombre de bourses (variant d'une année à l'autre) aux étudiants belges exclusivement, pour compléter l'aide donnée par l'Etat ; dispose, à cet effet, d'environ 100.000 francs belges par an ; pour des bourses de voyages pour savants, d'un crédit annuel de 120.000 francs belges. Grâce à la contribution apportée par la Commission for Relief in Belgium, Educational Foundation, 24 bourses par an peuvent être accordées aux jeunes étudiants ayant achevé leurs études universitaires, pour aller faire des études aux Etats-Unis.

La Fondation est propriétaire d'un foyer « Club de la Fondation universitaire » (11, rue Egmont), où les savants étrangers peuvent se loger.

Cercle des Alumni de la Fondation Universitaire
11, rue d'Egmont, Bruxelles.

Président : M. Paul van Zeeland.
Vice-Président : M. Charles du Bus de Warnaffe.
Secrétaire général : M. Maurice Pieters.
Représentant des Etats-Unis : M. Edward Wight.

But : L'entretien des rapports parmi les boursiers de la Fondation Universitaire.

Fondation : 1923, sous les auspices de la Fondation Universitaire.

Organisation : Sections à Anvers, Gand, Liége, Louvain, Mons, Namur.

Ressources : Proviennent des cotisations des membres et d'une contribution faite par la Fondation Universitaire et par la « Commission for Relief in Belgium, Educational Foundation Inc. », qui ont une représentation permanente au sein du Conseil d'administration.

Activité internationale : Bureau international de renseignements universitaires pour la Belgique.

Publication : « Bulletin Mensuel », Bruxelles.

BULGARIE

DISPOSITIONS OFFICIELLES

Le Ministère de l'Instruction publique

entretient un échange annuel de personnel de l'enseignement avec la France, en vertu d'un accord avec ce pays :

1 professeur bulgare enseigne à l'Ecole de Langues orientales vivantes à Paris ;

2 conférenciers français à l'Université de Sofia ou à l'Institut français à Sofia, respectivement.

Accords d'échange avec les gouvernements polonais et tchécoslovaque : un philologue ou un historien polonais et un tchécoslovaque bénéficient chacun d'une bourse en Bulgarie, tandis que deux étudiants bulgares bénéficient de bourses correspondantes dans les deux pays en question.

De plus, le Ministère donne tous les ans : 9 bourses aux étudiants bulgares (parmi lesquels 2 étudiants de l'Académie des Beaux-Arts et deux de l'Académie de Musique), pour études à l'étranger ;

15 bourses aux universitaires après l'achèvement de leurs études, pour études à l'étranger.

Sur la recommandation de leurs Ecoles, des professeurs de lycées sont envoyés pour études à l'étranger ; ils jouissent de l'appui de l'Etat et reçoivent leur traitement total.

ORGANISATIONS DIVERSES

Bolgarski Nacionalen Studentski Saiüz « Christo Botev »
(Union nationale des étudiants bulgares)
Benkovska ul. 3, Sofia

Secrétaire : L. Sokerov.

Fondation : 1919, organisée en 1924 ; est devenue membre de la C.I.E. (cf. p. 11) en 1926.

Organisation : Comprend 30 Associations d'étudiants bulgares en Bulgarie et à l'étranger ; divisée en diverses sections.

Activités : L'Office des affaires étrangères est en rapports avec la IIIᵉ Commission de la C. I. E. ; il organise l'échange des étudiants, obtient pour les étudiants bulgares à l'étranger et pour les étudiants étrangers en Bulgarie, des facilités de voyage et de séjour (réduction de 50 % sur les chemins de fer de l'Etat bulgare pour les groupes de 10 étudiants et plus) ; collabore avec la C.I.E. Le Service des voyages organise des excursions et reçoit les étudiants étrangers. La Section de prévoyance mutuelle et d'entr'aide universitaire est destinée, tout d'abord, à améliorer la situation des étudiants bulgares en général. Elle met à la disposition des membres étrangers de la C. I. E. 10 places dans la colonie de vacances fondée au cours de l'année dernière sur la mer Noire (prix de la pension, y compris la chambre : 1.200 leva).

Commission nationale bulgare de Coopération intellectuelle

Président : Le Recteur de l'Université de Sofia.

Activité : La Commission peut donner des renseignements sur la vie universitaire en Bulgarie.

Družestvo na bulgarkite ses više obrazovanje
(Fédération bulgare des femmes diplômées des Universités)
Ministère de l'Instruction publique, Sofia.

Présidente : Mlle Catherine Zlatoustova.
Secrétaire : Mlle Catherine Breyanova, 1, rue Christo Kovatcheff.

Fondation : 1925, membre de la Fédération internationale des femmes diplômées des Universités.

Ressources : Cotisations des membres et produits de fêtes.

Activité : Constitution d'un Comité d'entente (Centre d'information et de propagande pour la Société des Nations), sur la proposition de la Société des Nations. Le Comité organisera un service d'échanges.

DANEMARK

DISPOSITIONS OFFICIELLES

American-Scandinavian Foundation, Danske Komité
Frederiksholms Kanal 21, Copenhague

Président : M. A. P. Weis, chef de section au Ministère de l'Instruction publique.
Secrétaire : Knud Oksen.

Fondation : 1913, par le Gouvernement danois, comme représentant danois de la Fondation Américano-Scandinave (A. S. F.), dotée en 1911 par un citoyen américain, M. Niels Poulson, dans le but de faire des échanges d'étudiants entre les Etats-Unis et les pays scandinaves.

Activité : Gérance des bourses créées par l'A. S. F. pour le Danemark (1927-1928 : 1 bourse de $1.000 et 1 bourse de $500). Reçoit et conseille les étudiants américains au Danemark ; obtient pour les étudiants danois se rendant aux Etats-Unis des « honorary fellowships », c'est-à-dire des facilités relativement aux passeports, permis de séjour et études.

UNIVERSITÉS

Université de Copenhague

Dispose des bourses de voyage ci-dessous (1) :

Bourse de voyage Buchwald : Pour étudiants en médecine. *Montant* : 600 couronnes danoises par an. *Durée* : 2 ans. *S'adresser à* : M. le professeur Thork. Roosing, Juliane Mariesvej 2, Copenhague O.

---

(1) Cf. N. P. Sorensen « Studie og Reiselegater for alle ». Eget-Verlag, Copenhague. Liste complète des bourses danoises.

Bourse de voyage Cappel : Pour étudiants en médecine, pharmacie et chimie. *Montant* : 3.240 cour. dan. *Durée* : Un an et demi. *S'adresser à* : M. le directeur H. F. Ollgaard, Rigshospitalet, Copenhague O.

Fondation Carstens : *But* : Voyage de trois ans à l'étranger pour étudiants en médecine. *Montant* : 760 cour. dan. par an. *S'adresser à* : M. le professeur K. Faber, Frederik den 5tes Vej 3, Copenhague O.

Bourse de voyage Classen-Fideikommis : Pour étudiants en médecine. *Montant* : 800 cour. dan. par an. *S'adresser à* : M. le professeur K. Faber, Frederik den 5tes Vej 3, Copenhague O.

Dotation Landgraf Danneskjoeld-Samsoes : Destinée en partie à des bourses d'études pour Danois en Danemark ; 1-2 bourses de 2.000 couronnes chaque, sont attribuées pour voyages d'études.

Dotation Eichels : Bourse de voyage pour étudiants avancés. *Montant* : 600 cour. dan. *S'adresser au* : Conseil de l'Université.

Dotation Hurtigkarl : Bourse de voyage pour étudiants en droit. *Montant* : 3.840 cour. dan. *Durée* : 3 ans. *S'adresser au* : Conseil de l'Université.

Bourse Jex Blake : Réservée à une femme diplômée de l'Université, pour faire des recherches en Grande-Bretagne. *Montant* : £150. S'adresser à Girton College, Cambridge.

Bourse de voyage « Kommunitet » : Pour jeunes savants. *Montant* : 10.000 cour. dan. ; bourses annuelles individuelles de 600 à 1.000 cour. dan. *S'adresser au* : Conseil de l'Université.

Dotation Clara Lachmann : *But* : Six mois d'études à une Université ou un Institut scientifique, pour Suédois ou Norvégiens. *Montant* : 2 bourses de 2.000 cour. suéd. et 3.000 cour. norv. *S'adresser à* : M. le professeur Nörlund, Université, Copenhague.

Bourse de voyage Lasson : Pour candidats de toutes les Facultés. *Montant* : 1.100 cour. dan. par an. *S'adresser à* : M. le professeur K. Sandfeld, Skovridergaardsvej 10, Holte.

Dotation Liebes : Pour étudiants et candidats en droit. *But* : Voyages d'études ou de repos à l'étranger. *Montant* : 2.000 cour. dan. par an. *Durée* : 1 à 2 ans. *S'adresser à* : Faculté de Droit et des Sciences politiques de l'Université.

Dotation de l'évêque Martensen : Pour candidats en théologie. *But* : Bourse de voyage à l'étranger. *Montant* : 2.000 cour. dan. *S'adresser à* : Sjaellands Biskop, Bispekontoret, Nörregade 11, Copenhague K.

Dotation de l'Union des étudiants en mathématiques et sciences physiques et naturelles : *But* : Etudes en sciences physiques et naturelles en Islande. *Montant* : 3 bourses de 1.000 cour. dan., prises sur le Dansk-Islandsk Forbundsfond. Attribuées par l'Union des étudiants en mathématiques et sciences physiques et naturelles.

Bourse Oehlenschlaeger-Tegner : *But* : Etudes à une Université norvégienne ou suédoise ; réservée aux étudiants de Copenhague. *Montant* : 700 cour. dan. *S'adresser à* : Studenterforeningens Seniorat, Studenterforeningen, Studiestraede, Copenhague B.

Dotation Jens Lomand Rasmussen : Pour étudiants qui ont passé leur premier examen. *Montant* : 1-2 bourses d'études d'une valeur totale de 1.400 cour. dan. *S'adresser à* : M. le professeur Blinkenberg, Kathrinevej 29, Hellerup.

Dotation Rosenkrantz : Deux bourses de voyage pour candidats en théologie. *Montant* : 1.000 et 640 cour. dan. respectivement. *Durée* : Quatre ans. *S'adresser à* : M. le baron Rosenkrantz, Liselund, ou M. le professeur J. C. Jacobsen, Oestersoegade 10, Copenhague K.

Dotation Emma Salomonsen : Bourse de voyage pour candidats médecins. *Montant* : 1.000 cour. dan. par an. *Durée* : 5 ans. *S'adresser à* : M. le doyen de la Faculté de médecine.

Dotation Stampe : Bourse de voyage pour étudiants en droit. *Montant* : 4.600 cour. dan. par an. *Durée* : 3-4 ans. *S'adresser à*: Faculté de Droit et des Sciences politiques.

Dotation Starck : Bourse de voyage pour candidats en médecine. *Montant* : 1.200 cour. dan. *S'adresser à* : M. le doyen de la Faculté de médecine.

Dotation Studsgaard : Bourse de voyage pour candidats en médecine. *Montant* : 1.000 cour. dan. *Durée* : 1-2 ans. *S'adresser à* : M. le professeur Thork. Rovsing, Juliane Mariesvej 2, Copenhague O.

Dotation Thomsen : Pour les plus jeunes étudiants en droit. *But* : Etudes en Angleterre. *Montant* : 6.000 cour. dan. *S'adresser à* : M. le professeur Viggo Bentzon, Sortedamsdossering 95 A, Copenhague, O.

Dotation Thott : Pour étudiants en économie politique, ou sciences physiques et naturelles. *But* : 2 bourses de voyage. *Montant* : 624 cour. dan. par an. *Durée* : 3 ans. *S'adresser à* : M. le professeur Martin Knudsen, Polyteknisk Laereanstalt, Soelvgade 83, Copenhague K.

Dotation Werner Ussings : 5 bourses de voyage pour candidats en Droit et en Sciences politiques. *Montant* : 1.200 cour. dan. *Durée* : 3 ans. *S'adresser à* : la Faculté de Droit et des Sciences politiques.

Polyteknisk Laereanstalt
(Ecole polytechnique)
Soelvgade 83, Copenhague K.

Fonds Reiersen : Bourse de voyage pour candidats de l'Ecole polytechnique. *Montant* : 10.000-12.000 cour. dan. ; bourses individuelles de 4.000-5.000 cour. dan. par an. *S'adresser à* : l'Ecole polytechnique.

Dotation Smidth : Bourses de voyage en Danemark ou à l'étranger. *Montant* : 4.000-5.000 cour. dan. *S'adresser à* : l'École polytechnique.

Ecole vétérinaire et agricole et Instituts similaires

Dotation Kammerherre Eide et épouse : 2 bourses de voyage en Danemark ou à l'étranger pour agronomes forestiers diplômés. *S'adresser à* : Direktorate for Statsskovbruget, Slotsholmen, Copenhague, K.

Dotation N. J. Fjords : Bourses de voyage. *Montant* : 400 cour. dan. *S'adresser à* : Landökonomisk Forsögslaboratorium, Rolighedsvej 25, Copenhague V.

Dotation L. Helweg : Peut être affecté à la création de 10 à 12 bourses de voyage. *Montant* : 200-300 cour. dan. chaque. *Demandes à adresser à* : Kgl. Danske Landhusholdningsselskab, Vestre Boulevard 34, Copenhague B.

ORGANISATIONS DIVERSES

Danske Studerendes Nationalraad
(Union nationale des étudiants danois)
Studiestraede 6, Copenhague.

Président : M. Borch Johanssen.

Définition : Représentant, dans la C.I.E. (cf. **p. 11**), des Associations d'étudiants danois.
Fondation : en 1922.
Activité : Accueil des étudiants étrangers.

Dansk Studieoplysningskontor
(Bureau danois des renseignements universitaires)
Studiestraede 6, Copenhague

Directeur : M. C. A. Bodelsen.
Secrétaire : M. Harald Boysen.

Définition : Agence de liaison entre les hautes écoles danoises et étrangères.
Fondation : en 1919, sur la proposition du Comité international des étudiants danois.
Organisation : Institutions affiliées (indépendantes du Bureau de Copenhague) : Anglo-Danish Students Bureau, 50, Russell Square, Londres W. C. 1 (cf. p. 109), et le Bureau Franco-Danois des Renseignements universitaires, 30, rue de Vaugirard, Paris VI (cf. p. 96). Les trois bureaux de renseignements sont subordonnés à une Commission composée de quatre professeurs et étudiants des quatre institutions danoises d'enseignement supérieur.
Ressources : Au début, souscriptions privées; subventionné, depuis 1921, par l'Etat (Ministère de l'Instruction publique). Budget annuel : 6.300 couronnes danoises.
Personnel : 1 directeur et 1 secrétaire, travaillant pendant la demi-journée.
Activité : Renseignements aux étudiants danois et étrangers concernant les universités danoises et étrangères ; organisation de voyages d'études à l'étranger pour professeurs et étudiants danois ; réception de professeurs et étudiants étrangers.

Kvindelige Akademikere
(Fédération danoise des femmes diplômées des Universités)
Nörregade 13, Copenhague

Président : Mme M. A. Aslaug Möller.
Secrétaire : Mlle Lise Philipsen, Strandboulevarden 117.

Fondation : 1922 ; membre de la Fédération internationale des femmes diplômées des Universités (voir p. 14).

Activité : Collaboration étroite avec l'I.F.U.W. Conclusion d'arrangements avantageux avec le Turist Hotel (Vester Boulevarden) et la Pension de famille Berg (Gothersgade 129), à Copenhague, pour le logement à prix modique des membres de la I.F.U.W. se rendant à Copenhague. Contribue pour un montant d'environ 900 couronnes danoises au fonds international des bourses de la I.F.U.W.

Fondation Rask-Oersted
Frederiksholms Kanal 21, Copenhague

Président : M. le professeur N. E. Nörlund.
Secrétaire général : M. Cai Hegermann-Lindencrone.

Définition : Fonds scientifique international.
Fondation : Par loi du 4 octobre 1919.
Ressources : 260-270.000 cour. dan. par an.
Activité : Donne des subsides à des savants (aussi pour voyages d'études) sans distinction de nationalité.
Publication : Rapports annuels.

Laura Spelman Rockefeller Memorial, Représentant danois

M. le professeur H. Munch-Petersen, Université, Copenhague (cf. p. 20).

ESPAGNE

DISPOSITIONS OFFICIELLES

Le Ministère de l'Instruction publique

a, en vertu d'un décret royal du 21 janvier et du 10 novembre 1921, créé 25 bourses de voyage de 4.000 pesetas par an, pour étudiants des républiques hispano-américaines dans les écoles d'enseignement technique, d'architecture, des beaux-arts et pédagogiques. Le budget 1928 prévoit quatre autres bourses pour étudiants des Philippines et deux bourses, pour un étudiant portugais et un italien. Montant total des bourses pour 1928 : 120.000 pesetas.

Junta para Ampliación de Estudios
Almagro 26, Madrid

Président : Don Santiago Ramón y Cajal.
Secrétaire : M. José Castillejo y Duarte.

Définition : Institution de l'Etat pour favoriser l'étude des langues, de l'histoire et de l'art.
Fondation : En 1910, par le Ministère de l'Instruction publique et des Beaux-Arts.
Organisation : Comité de 21 membres, nommés pour quatre ans, en partie par le Ministère, en partie par la Junta elle-même. Administrée par le secrétaire et 13 fonctionnaires.
Ressources : Frais payés par le Ministère de l'Instruction publique (1-1 ½ million de pesetas par an) et par des dotations.
Activité : Invite des professeurs étrangers à faire des conférences (fonds annuel, 500.000 pesetas). Envoie des professeurs espagnols chargés de conférences dans les pays hispano-américains et aux Etats-Unis ; attribue des bourses de voyage (dont le nombre varie d'année en année) à des professeurs espagnols et à des étudiants diplômés après achèvement de leurs études. Fonds boursier de 200.000 à 245.000 pesetas par an, représentant environ

50 bourses en Europe et quelques-unes en Amérique. Organisation de cours de vacances, en automne et en hiver, pour les étrangers. Fonctionne comme bureau de renseignements pour tout ce qui concerne les universités et comme Comité de patronage des étudiants étrangers.

Publication : Rapport semestriel.

Junta de Relaciones culturales
Ministère des Affaires étrangères

Organise également des conférences par des professeurs étrangers qui se trouvent dans le pays.

Residencia de Estudiantes
Pinar 15, Madrid

Foyer d'étudiants, appartenant à l'Etat, ouvert aussi aux étudiants étrangers, avec chambres, pension, bibliothèque, laboratoires, matériel de sport. Une bourse pour étudiant étranger, attribuée alternativement aux étudiants d'Oxford et de Cambridge.

UNIVERSITÉS

Les Universités espagnoles

ont à leur disposition un certain nombre de bourses d'études variant d'année en année, qui leur sont accordées par le Ministère des Affaires étrangères et organisent des conférences par des professeurs étrangers qui se trouvent dans le pays.

Certaines *provinces et communes* accordent des bourses de voyage pour l'étude de l'histoire de l'art.

ORGANISATIONS DIVERSES

Centro de intercambio intelectual germano-espanol
(Centre d'échanges intellectuels germano-espagnols)
Zurbano 32, Madrid

Directeur : Dr. Gerhard Moldenhauer.

Activité : Organise le séjour, presque gratuit, d'un certain nombre d'étudiants espagnols en Allemagne ; propose des candidats pour les bourses attribuées à l'Espagne par la Fondation Alexander von Humboldt (voir p. 31) ; organise des cours de vacances de langue espagnole pour étudiants allemands ; les met en rapport avec des universitaires espagnols ; organise des conférences scientifiques par des professeurs allemands et espagnols, alternativement. Bureau germano-espagnol de renseignements.

Confederacion de estudiantes catolicos de Espana
(Confédération des étudiants catholiques d'Espagne)
Casa de estudiantes, Calle Mayor 1, Madrid

Président du Comité central : M. Alfredo Lopez Martinez.

Définition : Confédération de toutes les Associations d'étudiants catholiques en Espagne.
Fondation : 1920 ; depuis 1921, membre de « Pax Romana ».
Organisation : Administrée par le Comité central.
Activité : Reçoit les étudiants catholiques étrangers ; donne des lettres d'introduction aux membres individuels se rendant à l'étranger. A conclu un accord avec le bureau d'immigration, de la « National Catholic Welfare Conference of the United States », en vertu duquel les membres recommandés par la Confédération sont aidés de toutes les façons possibles par le bureau aux Etats-Unis. Possède un service spécial pour l'étranger : Secretaria de Extranjero.
Publication : « Hoja Informativa », Madrid.

Institut français de Madrid
12, Marquès de la Enseñada, Madrid

Directeur : M. Pierre Paris.

Fondation : 1908.
Organisation : 2 Sections : 1) Section de l'Université de Toulouse ; 2) Ecole des hautes études hispaniques, appartenant à l'Université de Bordeaux ; les deux Sections sont sous la même direction.
Ressources : Subvention de 50.000 fr. de l'Etat français.
Activité : Encouragement des études et propagation de la langue française par la première Section ; réception des boursiers

envoyés pour la continuation de travaux scientifiques, par l'Ecole des hautes études hispaniques, pour laquelle son propre immeuble, la « Casa Velasquez », est en cours de construction. Le parlement français a voté un crédit de 3.000.000 fr. pour cette construction.

Juventud Universitaria
(Fédération espagnole des femmes diplômées des Universités)

Présidente : Dr. Elisa Soriano, 53 Fuencarral, Madrid.
Secrétaire : Dr. Clara Campoamor.

Est membre, depuis 1920, de la I.F.U.W. (cf. p. 14).
Activité : Décerne annuellement une bourse dotée par le Ministère des Affaires étrangères, valeur 4.000 pesetas, à un membre étranger de la I. F. U. W., pour faire des études à Madrid.

Patronato de estudiantes hispano-americanos
Université, Madrid

Fondation : En 1928, par l'Union ibéro-américaine.
Activité proposée : Obtention de réductions de prix sur les lignes de navigation ; renseignements concernant les conditions d'étude en Espagne ; logement d'étudiants hispano-américains dans des pensions et des familles ; obtention de secours médicaux ; obtention de facilités d'admission dans les sanatoria et cliniques ; organisation d'excursions.

ESTONIE

DISPOSITIONS OFFICIELLES

Le Ministère de l'Instruction publique (Haridus ministerium)
Tônnismägi 26, Reval (Tallinn)

décerne annuellement six bourses pour l'étude des spécialités qui ne sont pas représentées en Estonie (études techniques, par exemple). Montant des bourses : environ 100 couronnes estoniennes par mois.

Sur le **Kulturfonds** du Ministère de l'Instruction publique, il est affecté des sommes, qui varient suivant les nécessités, pour les études scientifiques à l'étranger. A fourni 1.500 couronnes estoniennes en 1927-28, pour permettre à des instituteurs et professeurs des écoles élémentaires et secondaires de se rendre à l'étranger.

UNIVERSITÉS

Université de Dorpat (Tartu)

A accordé, en 1927-28, 13 bourses de voyage à l'étranger de 180-250 couronnes estoniennes par mois, en général pour un an.

ORGANISATIONS DIVERSES

L'administration scolaire municipale de Dorpat (Tartu)

accorde parfois des bourses de voyage à son personnel enseignant.

Groupe académique russe en Estonie
Hetseli tän 6, Tartu (Dorpat)

Président : M. J. Tjutrjumoff.
Secrétaire : M. Th Korsakoff, Hetseli tän 6, Tartu.

Fondé : 1920.
Définition : Groupement de professeurs russe réfugiés.
Ressources : Cotisations et dons.
Activité : Le groupe prête secours aux réfugiés russes étudiant en Estonie ou se rendant de là aux universités étrangères.

S. E. L. L. (Office central des Unions nationales d'étudiants de Finlande, Estonie, Lettonie et Lithuanie)
Uliôpilasmaja, Dorpat (Tartu)

Directeur : M. Ed. Sahkenberg.

Définition : Office central pour la collaboration des quatre Unions nationales d'étudiants-membres et pour résoudre les problèmes universitaires communs.
Fondation : En 1923 à Dorpat (Tartu) ; statuts définitifs, Riga (1924) ; organisation intérieure de l'Office, 1925.
Organisation : Chacune des quatre Unions est représentée à l'Office central par quatre représentants. Le directeur convoque une réunion au moins par trimestre. Direction assurée par 1 président, 1 vice-président, 2 secrétaires. Ces postes sont remplis alternativement par des membres des quatre Unions. Le travail matériel est assuré par le directeur.
Ressources : Les frais sont partagés également entre les quatre Unions. Budget pour 1928-29 : $460.

FINLANDE

Le Ministère de l'Instruction publique

a, pour l'exercice financier 1927-28, affecté 175.000 marks finlandais à des bourses pour séjour à l'étranger pour savants. En outre, sur le produit des loteries d'Etat, il est réservé tous les ans environ 800.000 mks finlandais qui sont affectés à des buts éducatifs et, en grande partie, à des bourses de voyage. Les bourses de voyage attribuées aux professeurs de lycées et d'écoles secondaires se montent annuellement à 100.000 mks. finlandais. Pour la nomination des bénéficiaires, le Ministère de l'Instruction publique reçoit l'avis de Commissions spéciales.

Opetusministeriön Retkeilylautakunta-
Undervisningsministeriet Exkursionsnaemnd
(Comité de voyages du Ministère de l'Instruction publique)
Ministère de l'Instruction publique, Helsinki.

Directeur : M. Yrjö Loimaranta, chef de la Chancellerie au Ministère de l'Instruction publique.
Secrétaire : M. Herman Hagman, Fabianinkatu 25.

But : Encourager et favoriser les voyages en Finlande et à l'étranger des écoliers et étudiants finlandais.
Ressources : Recettes principales pour l'année 1928 : Subvention de l'Etat de 50.000 mks. finlandais.
Activité : En 1921, fondation d'un bureau special pour les voyages d'études : Skolresebyrån, Ratakatu 2, Helsinki. Réductions sur les prix des voyages d'études en Scandinavie, obtenues par le « Suomibyrån » à Stockholm. En vertu d'arrangements réciproques, le Comité appuie les demandes de groupes d'étudiants étrangers pour des réductions sur le prix des voyages en Finlande, et organise leur logement dans ses 80 succursales.

Publications : « Skolresor i Norden », Borgå 1927, 152 pages ; « Suomen Samoilijat », 1924 ; « Exkursionskalendern », 1923, publié par le « Skolresebyrån ».

Le Ministère du Commerce et de l'Industrie

accorde des bourses d'un montant total de 120.000 mks. finlandais, à des ingénieurs finlandais et, par l'intermédiaire de la haute école technique, 88.000 mks. finlandais à des universitaires pendant et après la fin de leurs études. Montant maximum de chaque bourse : 20.000 mks. finlandais.

UNIVERSITÉS

Université de Helsinki

L'Université dispose des bourses suivantes :

Fondation Backman : *But* : Aide à un jeune pédagogue, pour voyage d'études. *Montant* : 5.800 mks. finlandais. *Durée* : 1 an.

Fondation Bjœrkenheim : *But* : Voyages d'études pour étudiants de la Faculté d'agriculture et de sylviculture. *Montant* : 9.000 mks. finlandais. *Durée* : Minimum 2 mois.

Fondation Ekestubbe : *But* : Voyages d'études pour économistes politiques et technologistes. *Montant* : 14.000 mks. finlandais. *Durée* : 2 ans (décernée tous les quatre ans).

Fondation Humble : *But* : Voyages d'études pour étudiants en médecine. *Montant* : 10.000 mks. finlandais. *Durée* : 9 mois (décernée tous les deux ans).

Fondation L. L. Lindlœf : *Montant* : 3.000 mks. finlandais. *Durée* : 1 semestre. Pour mathématiciens. Décernée tous les deux ans.

Fondation Hermann Rosenberg : *But* : Permettre un voyage de trois ans à un universitaire. *Montant* : 5-8.000 mks. finlandais par an.

Bourses pour privat-docents et diplômés de l'Université : *Montant* : 36.000 mks. finlandais pour un an de voyage à l'étranger. 18.000 mks. finlandais pour six mois de voyage.

Bourse de voyage pour juristes : *Montant* : 20.000 mks. finlandais. *Durée* : 1 an.

Bourse de voyage pour licenciés en droit : *Montant* : 18.000 mks. finlandais. *Durée* : 6 mois.

Bourse de voyage pour licenciés ès lettres : *But* : Etude des langues et de la civilisation. *Montant* : 2 bourses de 12.500 mks. finlandais. *Durée* : 5 mois.

Aide pour voyages pour l'étude des langues : *Montant* : 9.000 mks. finlandais.

Bourse affectée à un court séjour à l'étranger, pour l'étude des langues modernes : *Montant* : 4-5.000 mks. finlandais.

Bourses de voyage pour gynécologues : *Montant* : 6.000 mks. finlandais. *Durée* : 3 mois. Attribuée tous les deux ans.

En outre, quelque 125.000 mks. finlandais sont distribués tous les ans entre les privat-docents pour de courts voyages d'études et environ 50.000 mks. finlandais sont attribués à de jeunes savants.

ORGANISATIONS DIVERSES

Akateemisten Naisten Liitto-Akademiskt Bildade Kvinnors Fôrbund
(Fédération nationale des femmes diplômées des Universités)
Mariankatu 13, Helsinki

Présidente : Dr. Laimu Leidenius.
Secrétaire : Mme Lyyli Yyrhämä.

Fondation : 1921.
Ressources : Cotisations des membres : 5.000 mks. finlandais. La Fédération appartient à la I.F.U.W. (voir p. 14).

Helsingin Akateeminen Heimoklubi
(Club universitaire pour étudiants ayant des affinités de race)
Vanha Ylioppilastalo, Helsinki.

Fondation : En 1920, sous le titre de « Virolais-suomalainen ylioppilas-klubi » (Club estonien-finlandais d'étudiants).

Activité : Favorise et maintient les rapports entre les étudiants finlandais, esthoniens et hongrois. Organise des voyages d'études en Estonie et en Hongrie, et fait des arrangements pour l'échange d'étudiants entre ces pays.

Helsingin Yliopiston Ylioppilaskunta, Ulkoasiainvaliokunta - Studentkaren vid Helsingfors Universitet

(Association des étudiants de l'Université d'Helsingfors, Office des affaires étrangères)
Vanha Ylioppilastalo, Helsinki

Président : M. Eino A. Einiö.
Secrétaire : M. E. V. Oleander.

Définition : Commission spéciale de l'Association des étudiants d'Helsingfors, pour le maintien des relations avec l'étranger.
Fondation : En 1924, par l'Association des étudiants fondée en 1868 ; réorganisée en 1927.
Ressources : Pas de budget spécial ; l'Association des étudiants disposait elle-même, en 1927-28, de 2.500.000 mks. finlandais.
Activité : Développement des relations universitaires internationales. L'Office a obtenu, entre autres, 25 % de réduction sur les tarifs des Compagnies de transports pour des groupes de plus de 10 étudiants.

Suomen Ylioppilaskuntien Liitto

(Union nationale des étudiants finlandais)
Vanha Ylioppilastalo, Helsinki

Président : Dr. Eino B. Lehtinen.
Secrétaire : M. O. Wann.

Fondation : 1921 ; depuis lors, est devenue membre de la C.I.E. et représentant de la Finlande dans le S.E.L.L. (v. p. 59). Réorganisée en 1927.
Organisation : Administrée par un Comité permanent de 18 membres, dans lequel sont représentées toutes les Associations finlandaises d'étudiants.
Ressources : Recettes annuelles : 95.000 mks. finlandais, provenant des cotisations des membres de différentes Associations.
Personnel : Un secrétaire rétribué, travaillant la demi-journée.

Activité : Entretient des rapports permanents avec la C.I.E. ; reçoit des groupes d'étudiants étrangers, leur obtient des réductions sur le prix de voyages en Finlande ; fait des arrangements pour le logement des étudiants ; donne tous renseignements concernant les études à l'étranger.

FRANCE

DISPOSITIONS OFFICIELLES

Accords entre la France et l'étranger (1)

1° Accord relatif aux relations scientifiques, littéraires et scolaires entre la Belgique et la France (17 juin 1921)

Echanges de professeurs : *a*) enseignement secondaire, primaire, technique (remplacement simultané de deux professeurs, l'un belge, l'autre français, pendant un semestre ou une année scolaire) ; *b*) Universités. Enseignement pendant une année ou un trimestre ou pour une série plus restreinte de conférences. Choix fait par une Commission mixte (14 membres pour chaque nation).

Echanges d'élèves : la même Commission est compétente pour règlement, équivalences de scolarité et de grades entre les deux pays.

2° Accord relatif à l'échange de professeurs et d'élèves entre l'Italie et la France (5 mars 1919)

Echange de professeurs : *a*) enseignement secondaire, primaire et technique : enseignement annuel, prolongé d'une année au maximum, comptant, dans le pays d'origine, pour ancienneté, promotions, distinctions honorifiques ; *b*) Universités. Enseignement correspondant à une année scolaire ; peut être prolongé d'une ou plusieurs années ou consister en une série plus restreinte de conférences. — Echange d'étudiants, après une année d'études régulière dans une Université. — Préparation et organisation de ces échanges confiées à deux Commissions (française et italienne), nommées dans chaque pays par le Ministre de l'Instruction publique. Ces Commissions sont compétentes pour la création de cours d'été, équivalences d'études et de grades. Echange d'assistants (prévu par la Convention franco-italienne du 6 octobre 1912) réglé par les mêmes Commissions.

---

(1) Cf. pour texte complet : *Bulletin des relations universitaires* (Institut international de coopération intellectuelle), IV (1928) n° 2.

3° Accord relatif aux relations intellectuelles et scolaires entre la France et le Grand-Duché de Luxembourg (20 avril 1923)

Echange de professeurs : deux professeurs, l'un français, l'autre luxembourgeois, se remplacent ou occupent postes semblables pendant semestre ou année scolaire. Peuvent être admis des savants appartenant à des sociétés savantes ou hautement réputés pour leurs travaux personnels. L'enseignement peut consister en série restreinte de conférences ou être prolongé pendant une seconde année, compte dans pays d'origine pour avancement, promotions, distinctions honorifiques. Etude des questions se rapportant aux relations scientifiques, littéraires et scolaires entre les deux pays est confiée à une Commission mixte (quatre membres français nommés par le Ministre de l'Instruction publique, quatre représentants luxembourgeois nommés par la Direction générale de l'Instruction publique du Luxembourg, après approbation des Ministres des Affaires étrangères de chaque pays.

4° Accord relatif aux relations scientifiques, littéraires et scolaires entre la France et la Norvège (21 novembre 1927)

Echanges de professeurs ou lecteurs : choix fait par Commission spéciale, d'après la liste présentée par universités ou établissements d'enseignement de France et de Norvège. Des personnalités ne faisant pas partie de l'enseignement officiel peuvent être échangés. Enseignement donné pour une année scolaire ou un semestre ; peut être limité à une série plus restreinte de conférences ou prolongé d'une ou plusieurs années ; compte pour avancement dans pays d'origine, promotions et distinctions honorifiques. Commission permanente chargée d'étudier les questions se rapportant aux relations scientifiques et scolaires, divisée en deux sous-commissions de 6 membres chacune, dont un représentant de l'autre pays contractant. Cette Commission est compétente pour échange d'élèves, désignation des boursiers.

5° Accord relatif aux relations scientifiques, littéraires et scolaires entre la Pologne et la France (11 juin 1922)

Echange de professeurs. Durée de l'enseignement : une année scolaire ou un semestre : peut être réduite à une série de conférences ou prolongée d'une ou plusieurs années pour les professeurs d'enseignement supérieur. Pour les professeurs d'autres ordres d'enseignement : prolongation d'une seconde année seulement. L'enseignement compte pour avancement, promotions et distinctions honorifiques. Commission permanente chargée d'étudier ces questions et mesures propres à les développer. Divisée en deux sous-commissions

(Varsovie et Paris), composée de 11 membres chacune, dont un représentant de l'autre pays contractant. La même Commission est compétente pour échange d'élèves et désignation des boursiers.

6° Convention relative au recrutement, au statut et au traitement du personnel universitaire mis par le Gouvernement français à la disposition du Gouvernement roumain (15 juin 1919)

Recrutement : Enseignements secondaire et primaire : professeurs sont nommés par Gouvernement roumain, après consultation d'une des Commissions de recrutement instituées en France auprès des départements ministériels intéressés. Enseignement supérieur : listes de candidats sont présentées par Gouvernement français à Université intéressée. Les nominations se font suivant lois et règlements roumains. Pour professeurs des trois ordres, Gouvernement français se réserve droit d'accorder ou refuser bénéfice des dispositions prévues pour détachement à l'étranger des membres de l'enseignement. Traitement : auquel professeur a droit dans cadres français. Mêmes indemnités que celles attribuées aux professeurs roumains (vie chère ou autres). Indemnité annuelle de séjour à l'étranger. Frais de voyage pour professeur et sa famille. Pour professeurs n'appartenant pas aux cadres, le traitement français est remplacé par traitement roumain augmenté d'une indemnité. Durée des contrats : 5 ans, résiliables à l'expiration de la première et troisième année.

7° Déclaration concernant les relations scientifiques, littéraires et scolaires entre la Tchécoslovaquie et la France (25 juin 1923)

Echange de professeurs : principalement entre universités et établissements d'enseignement supérieur. Enseignement annuel ou semestriel pouvant se réduire en série de conférences ou se prolonger au delà d'un an. Enseignement compte dans pays d'origine pour avancement, promotions et distinctions honorifiques. Etudiants : études faites dans l'un ou l'autre pays sont comptées comme études faites dans pays d'origine. Grades et diplômes peuvent être obtenus aux mêmes conditions que les grades et diplômes nationaux, après application des règlements concernant dispenses et équivalences. Commission permanente chargée d'étudier ces questions. Se divise en deux sous-commissions (Prague et Paris). Ces sous-commissions sont compétentes pour l'organisation d'échanges d'élèves et désignation des boursiers.

8° Convention scolaire franco-yougoslave (5 mars 1920)

Recrutement des professeurs : Le Gouvernement français met des professeurs à la disposition du Gouvernement yougoslave qui les nomme après consultation d'une des Commissions de recrutement instituées en France auprès départements ministériels intéressés.

Professeurs appartenant aux cadres français : reçoivent traitement de la classe à laquelle ils appartiennent en France. Supplément égal à 25 % du traitement de leur classe ; mêmes indemnités de vie chère que celles attribuées à professeurs yougoslaves ; remboursement des frais de voyage pour eux et leur famille. Pour professeurs n'appartenant pas aux cadres : traitement de 3.000 dinars majoré du supplément de 25 % et indemnités de vie chère. Durée du contrat : 5 ans, résiliable à expiration de la première et troisième année.

Ministère des Affaires étrangères

Bourses et remises de frais d'études aux étudiants étrangers. Surtout des bourses de perfectionnement (durée : 1 an), accordées à des étudiants ou professeurs étrangers, médecins spécialistes et techniciens, après la proposition du Ministère de l'Instruction publique de leur pays à la légation de France.

Nationalités des boursiers : Autrichiens, Bulgares, Canadiens, Chinois, Grecs, Hongrois, Polonais, Russes (secours aux étudiants réfugiés), Tchécoslovaques, Turcs, Yougoslaves.

Des secours d'études sont aussi accordés à certains savants travaillant dans les laboratoires français.

Instituts français à l'étranger

Créés par des Français résidant à l'étranger, par décision du Ministère des Affaires étrangères, ou établis par une ou plusieurs universités françaises. De tels instituts existent en Bulgarie, Espagne, Estonie, Italie, Japon, Lettonie, Pologne, Portugal, Roumanie, Tchécoslovaquie et Yougoslavie. Pour autant que l'activité de ces instituts n'est pas limitée à l'organisation de cours, à l'aide du corps enseignant de l'endroit, leur rôle est décrit aux chapitres consacrés aux pays respectifs.

Ministère de l'Instruction publique

Bourses et remises de frais d'études aux étudiants étrangers :
A) *Etudiants de nationalités diverses* ; somme totale : 350.000 fr.

1º Bourses :   (TOTAL)
10 étudiants américains (bourses d'échange) à 5.000 fr.   50.000 fr.
 4   —   ottomans   à 3.000 —   12.000 —
 2   —   norvégiens   à 2.500 —   5.000 —
 1   —   lithuanien   à 2.000 —   2.000 —

2º Remise de frais d'études : exonération partielle de 200 à 2.500 fr. suivant la nature des études, somme totale : 281.000 fr. Dernière répartition :

a) Universités :

Russes.	241	Italiens	1
Tchécoslovaques	9	Belges	8
Bulgares	15	Palestiniens	3
Hongrois.	14	Georgiens	1
Luxembourgeois.	1	Lettons	2
Polonais.	38	Lithuaniens	4

b) Grandes écoles et écoles techniques :

Russes.	72	Lettons	1
Tchécoslovaques	3	Arméniens.	2
Bulgares	5	Albanais	1
Hongrois.	3	Libanais	1
Polonais.	6	Egyptiens.	3
Palestiniens.	2	Persans	1
Georgiens	4		

B) *Etudiants yougoslaves,* somme totale : 532.000 francs :
1º 58 boursiers d'enseignement supérieur (à 8.000 fr.).   464.000 fr.
2º Frais de scolarité des boursiers.   18.000 —
3º Remises de frais d'études et aide financière pour études.   50.000 —

C) *Etudiants roumains,* somme totale : 500.000 francs.

Bourses d'enseignement supérieur

Des bourses de voyages sont réservées à des agrégés français se rendant à l'étranger pour y poursuivre des recherches personnelles. *Montant* : 8.000 francs.

Fondation nationale pour l'étude des sciences et des civilisations étrangères (donation de Mme la Comtesse de Montfort)

But : Favoriser le séjour à l'étranger de jeunes français âgés de moins de 30 ans, ayant terminé leurs études et se destinant à l'étude des civilisations étrangères, par l'attribution de bourses ou de prêts d'honneur. *Durée* : En général, 3 ans. Le Comité de la Fondation se réunit au moins une fois par an, dans le courant du mois d'octobre.

Musée pédagogique
41 rue Gay-Lussac, Paris V.

Directeur : M. Ripault.
Sous-directeur : M. Lebrun.
Secrétaire : Mme Goupillon.

Définition : Office d'informations et d'études du Ministère de l'Instruction publique. Ouvert à tout universitaire français ou étranger.
Fondation : 1879.
Organisation : 1 directeur, 1 sous-directeur, 1 archiviste-adjoint, une secrétaire .
Ressources : Budget de l'Etat (Instruction publique).
Activité : Centralisation des renseignements et informations à répartir dans les offices plus particulièrement spécialisés. Organisations des voyages demandés par intermédiaire des administrations étrangères (démarches, compositions d'itinéraires, billets de chemins de fer). Echange régulier d'informations avec le « Board of Education », le « Scotch Education Department », le « Zentralinstitut für Erziehung und Unterricht », la « Junta para ampliación de estudios », etc. Bibliothèque pédagogique spécialisée (100.000 volumes, 1.800 revues). Le prêt des livres est fait gratuitement et avec franchise de port (aller et retour) aux membres de l'enseignement en France, y compris les assistants étrangers. Le prêt à domicile est consenti aux professeurs étrangers de passage, ou séjournant à Paris sur présentation de pièces consulaires. Echanges officiels d'étudiants (assistants) avec l'Angleterre (conventions passées entre le Ministre de l'Instruction publique de France et les Ministères analogues d'Angleterre et d'Ecosse en 1905). Assistants et assistantes s'engagent pour la durée de l'année scolaire. Ils sont reçus au pair dans les internats, ou reçoivent une petite indemnité. Tous frais de voyage sont à la charge des assistants. Les inscriptions sont reçues au Musée pédagogique (candidats français) jusqu'au 15 mai de chaque année. L'échange d'assistants s'effectue aussi avec la Suisse, l'Italie, l'Espagne, et les Etats-Unis.

Office national des Universités et Ecoles françaises
96, boulevard Raspail, Paris VI.

Directeur : M. Ch. Petit-Dutaillis, inspecteur général, chargé d'inspecter les professeurs détachés à l'étranger.
Directeurs-adjoints : MM. L. Eisenmann, Firmin Roz et A. Desclos.

Définition : Association destinée à favoriser les relations universitaires et intellectuelles entre la France et les pays étrangers.

Fondation : 1910.

Organisation : L'Association comprend environ 200 membres : savants, professeurs, diplomates, parlementaires, industriels, banquiers, etc. Son Conseil d'administration comprend comme membres de droit tous les recteurs des universités françaises. Il élit un Comité de direction de 20 membres qui a actuellement pour président M. Paul Doumer. La principale assemblée générale, où le directeur lit son rapport annuel, a lieu à l'époque où les recteurs sont réunis à Paris par le Ministère de l'Instruction publique en Comité consultatif. Le directeur s'occupe de l'administration générale de l'Office, des établissements français à l'étranger et des relations universitaires avec les pays latins d'Europe. Les deux fonctions du directeur actuel (voir plus haut) ne sont pas nécessairement liées ; le directeur de l'Office est élu par l'Association pour trois ans. Un directeur-adjoint, M. L. Eisenmann, professeur à la Sorbonne, traite les questions relatives aux pays de langues germaniques et de langues slaves ; il a pour collaborateur M. J. Denis, professeur agrégé, chargé du bureau récemment fondé pour la reprise des relations universitaires avec l'Allemagne ; les deux directeurs-adjoints, MM. Firmin Roz et A. Desclos, s'occupent des relations avec les pays de langue anglaise. L'Office est en relations continues avec le Service d'expansion universitaire du Ministère de l'Instruction publique et le Service des œuvres françaises à l'étranger du Ministère des Affaires étrangères. Il est en rapports avec les Associations, Fédérations et Comités visant le même but et avec les Offices de même nature existant à l'étranger. Il se trouve être ainsi, en France, le principal organe de liaison pour tout ce qui concerne l'expansion universitaire et les échanges de professeurs, d'étudiants et d'écoliers. Il a des correspondants à l'étranger et ses directeurs font tous, chaque année, des voyages au dehors. *Liste des bureaux correspondants* : Barcelone, 316, Aragon, directeur : M. Bertrand. Belgrade, 55 Bitoljaka, directeur : M. Masset. Bucarest, 19 str. N. Balcescu, directeur : M. Paul Henri. Fribourg (Suisse), 3 route de Villars, directeur : M. Girardin. Ljubljana, directeur : M. Martel. Londres, 3 Cromwell Gardens, S. W. 7, directeur : M. Saurat. Zagreb, Mazuranicev trg, directeur : M. Varnier.

Ressources : Se composent des subventions ministérielles, des cotisations et souscriptions des membres de l'Association.

Personnel : Outre le directeur et les trois directeurs-adjoints nommés plus haut, deux secrétaires et quatre expéditionnaires-dactylographes.

Activités :

1º Conclusion d'accords scolaires. Etablissement des listes

d'équivalence de grades. Missions à l'étranger pour l'organisation des relations. 2º Recrutement des professeurs français enseignant à l'étranger. Avantages assurés aux professeurs détachés. 3º Correspondance avec les instituts, lycées et écoles fondées à l'étranger. 4º Réception des professeurs étrangers en France. Facilités pour connaître la France intellectuelle. Échange de visites entre chefs d'établissements français et étrangers. 5º Echanges et visites de professeurs. L'Office s'occupe spécialement des échanges entre les universités françaises et les universités provinciales anglaises, de l'échange avec l'Université de Harvard, des échanges de professeurs d'enseignement technique avec les Etats-Unis. Le directeur s'occupe des échanges franco-belges comme membre du Comité compétent. 6º Placement des assistants dans les établissements français et allemands, pour seconder les professeurs de langues vivantes. 7º Réception des étudiants étrangers. Publicité des cours de vacances. Equivalences individuelles. Examens spéciaux pour étrangers ne jouissant pas d'équivalences. Bourses. Exonérations. 8º Envoi de boursières françaises dans les universités et collèges des Etats-Unis. 9º Expansion du livre scientifique français. Dons de livres étrangers aux universités françaises. 10º Participation aux cérémonies universitaires internationales. C'est sur la proposition de l'Office qu'a été fondé en France, le doctorat *honoris causa*.

Publications : Chaque année, rapport du directeur. « Documents concernant l'expansion scientifique et universitaire de la France » (Presses universitaires de France, 1923). « L'enseignement en France » (Armand Colin, 1925).

UNIVERSITES

Université de Besançon

Comité de Patronage des étudiants étrangers

Président : M. M. Bernard.
Commissaire administratif : M. E. Cornu.

Activité : Accueil des étudiants étrangers. Facilite la recherche des chambres, pensions, échanges de conversations, rapports avec les banques et les administrations. Le chanoine Mourot, le pasteur Marsauche et le grand-rabbin Prunet, membres du Comité, introduisent les étudiants dans les différents milieux confessionnels de la ville. Excursions et réceptions. Réductions sur les billets de chemins de fer pour étudiants étrangers inscrits aux cours de vacances.

Université de Bordeaux

Bourses pour étudiants américains

2 bourses complètes fondées par l'Université.
2 bourses créées par l'intermédiaire de l'Office des Universités.

Comité de Patronage des étudiants étrangers et coloniaux

Président : M. le professeur Berger, 49, rue du Maréchal Gallieni.

Activité : Donne toutes informations aux étudiants étrangers au point de vue études et organisation de la vie matérielle.

Université de Caen

Comité de Patronage des étudiants étrangers

Subventionné par le Ministère. Accueille les étudiants et professeurs étrangers. Echange de lecteurs ou assistants avec les universités britanniques. Cours spéciaux pour les étudiants étrangers pendant le dernier trimestre de l'année scolaire.

Université de Clermont-Ferrand

Comité de Patronage des étudiants étrangers

Président : M. Audollent, doyen de la Faculté des Lettres.
Secrétaire : Mlle Caillot, 4, rue Pascal.

Activité : Réductions sur prix voyages consenties par Compagnies de chemins de fer françaises et par Compagnies de navigation anglaises. Cours spéciaux pour étrangers.

Université de Dijon

Comité de Patronage des étudiants étrangers
Hôtel de l'Académie, 2, rue Crébillon

Président : M. le Dr. Tainturier.
Secrétaire général : M. P. Martinot.

Fondation : 1902.

Administration : Conseil comprenant un président, 2 vice-présidents, un trésorier, un secrétaire général, un directeur des cours. M. le Recteur est membre de droit. Commission chargée de l'organisation de l'enseignement et composée de : 1º le Conseil d'administration du Comité ; 2º MM. les doyens des Facultés et le directeur de l'Ecole de Médecine; 3º deux délégués élus de la Faculté des Lettres.

Ressources : Budget annuel : 200.000 francs environ. Subvention de la Ville de Dijon : 15.000 francs. Subvention du département de la Côte d'Or : 10.000 francs. Subvention de l'Etat.

Activité : Propagande à l'étranger. Etablissement de listes de pensions, logements avec prix. Enquête sur les familles logeant les étudiants étrangers. Collabore à l'agrandissement de la Cité universitaire de Dijon. Etudiants étrangers inscrits voyagent à prix réduit. Réception annuelle par la Municipalité. Excursions. Le Comité de Patronage double les sommes recueillies par des étudiants étrangers en vue de constituer des bourses pour leurs camarades sans ressources. Caisse gérée par les étudiants eux-mêmes, accorde prêts d'honneur aux étudiants étrangers. Le Comité accorde aussi prêts d'honneur sur ses propres fonds. Cours spéciaux pour étrangers.

Université de Grenoble

Bourses pour étudiants américains

Bourse fondée par l'Université en faveur d'un étudiant américain. 2 bourses créées par l'intermédiaire de l'Office des Universités en faveur d'étudiants américains.

Comité de Patronage des étudiants étrangers
Palais de l'Université.

Secrétaire général : M. le professeur Ronzy.

Fondation : 1896.

Correspondants aux Etats-Unis, en Hollande, Hongrie, Italie.

Ressources : Frais d'inscription des étudiants étrangers.

Activité : Renseignements pratiques sur installation à Grenoble. Envoie programmes et affiches à universités et écoles étrangères.

Université de Lille

Société d'Extension universitaire et de Patronage des étudiants étrangers
9, rue Auguste Angellier

Directeur : M. A. Audra, professeur à la Faculté des Lettres.

Fondation : Société de Patronage des étudiants étrangers, fondée en 1898 ; se transforme en Société d'Extension et de Patronage, le 16 mars 1905.

Organisation : Société administrée par Comité dont secrétaire général est directeur de l'Office des étudiants étrangers. Correspondant en Angleterre : M. Dutate, Drury Buildings, 21, Water St., Liverpool.

Ressources : Cotisations des membres. Subvention de l'Etat. Recettes des cours pour étudiants étrangers.

Activité : Patronage des étrangers : tous renseignements utiles pour études et existence matérielle, accueil dans familles françaises. Réceptions et excursions. Prix spéciaux offerts aux étudiants étrangers pour les encourager dans leurs études. Echanges de professeurs : annuellement trois professeurs de l'Université de Gand sont échangés avec trois professeurs de l'Université de Lille. Visite annuelle d'un professeur américain. Directeur de l'Office s'entremet pour faciliter relations avec établissements scolaires étrangers. Cours pour étrangers.

Université de Lyon

Bourses pour étudiants américains

2 bourses complètes, fondées par l'Université ; 2 bourses créées par l'intermédiaire de l'Office des Universités.

Comité de Patronage des étudiants français et étrangers
10, quai Claude Bernard, Faculté de Médecine

Secrétaire : Mme Monod-Lafargue.

Fondation : 1923.

Organisation : Comprend 5 sections (de propagande et de renseignements, de tutelle, de secours et de prêts d'honneur, de placement, de la Maison des Etudiants), ayant chacune un président.

Activité: Tout ce qui peut faire connaître au dehors, l'Université et les grandes écoles de Lyon ; guider les étudiants dans le choix de leurs études ; faciliter leur installation matérielle ; renseigner leurs familles ou les autorités qui s'intéressent à eux.

Université de Montpeliier

Comité de Patronage des étudiants étrangers
1, rue Fournarié

Président : M. Jules Valéry, professeur à la Faculté de Droit.

Fondation : 1890.

Ressources : Subvention du Ministère de l'Instruction publique.

Activité : Renseignements au sujet de l'enseignement donné dans les six Facultés et les autres écoles. Communication d'adresses de chambres, pensions de famille. Aide pécuniaire pour les étudiants étrangers sans ressources : prêts d'honneur (les remboursements des prêts d'honneur sont versés à la Caisse de secours). Assistance médicale. Organisation d'excursions. Action complétée par Club anglais, Cercle d'études hispaniques, Association générale des étudiants et Cercle des étudiants catholiques Montalembert.

Université de Nancy

Comité de Patronage des étudiants étrangers
13, place Carnot

Président : M. Paul Villemin.
Directeur : M. E. de la Boissière. Se tient à la disposition des étudiants pour faciliter leur installation à Nancy.

Activité : Assure aux auditeurs des cours pour étrangers des relations avec familles françaises. Donne toutes indications sur vie matérielle et adresses de logements. Service de prêt de livres et d'instruments de dessin. Prêts d'honneur. Consultations gratuites par professeurs de la Faculté de Médecine. Voyage à demi tarif (juillet et septembre), pour étudiants étrangers inscrits pour un mois au minimum. Organisation d'excursions. Salles de réunions à la disposition des étudiants étrangers, pour leurs associations particulières. En 1927 : 1.106 étudiants étrangers.

Université de Paris

Fondation Armand Colin : 5.000 francs attribués tous les deux ans pour un séjour d'une année auprès des universités d'Allemagne, d'Angleterre ou d'Italie à un licencié de la Faculté des Lettres ou de la Faculté des Sciences de l'Université de Paris connaissant la langue du pays où il désirera se rendre, fils d'instituteur ou d'institutrice appartenant à l'enseignement public. Adresser les demandes aux Secrétariats des Facultés avant le 20 mai.

Fondation Commercy : Bourses consacrées uniquement aux recherches scientifiques, attribuées pour une année ; elles sont renouvelables. Montant : 5.000 francs. Le titulaire d'une bourse de voyage devra présenter en fin d'année de bourse : 1º un rapport sur l'objet scientifique de son voyage ; 2º un rapport sur l'organisation des recherches dans les universités qu'il aura visitées. Adresser les demandes à la Faculté des Sciences avant le 1er juin.

Bourse des Curie (Fondation Carnegie) : Accordées à des savants ou à des étudiants d'élite de toutes nationalités, pour leur permettre de faire des recherches dans le laboratoire Pierre Curie.

Donation Faucher : Don annuel de 1.200 francs fait par Mme Woloska (Mme Vve Faucher), en faveur de deux étudiants français et de deux étudiants polonais. Adresser les demandes au Secrétariat de la Faculté de Médecine avant le 1er septembre.

Bourses Flammermont : Caisse de prêts de secours en faveur d'étudiants en histoire moderne, permettant de venir en aide à ceux qui auraient besoin de faire un voyage de recherches surtout à l'étranger. Montant : jusqu'à 2.266 francs. Adresser les demandes à la Faculté des Lettres.

Fondation Albert Kahn : Bourses de voyage autour du monde. Attribuées annuellement à deux Français agrégés se destinant à l'enseignement public, ou faisant des recherches scientifiques. Bénéfice étendu à l'Angleterre (2 bourses) et aux Etats-Unis (2 bourses). Club des anciens boursiers : 9, quai du 4 Septembre, à Boulogne-sur-Seine.

Bourse Michonis : En faveur de jeunes gens, diplômés ou non, choisis par la Faculté des Lettres de l'Université de Paris pour être envoyé dans une ou plusieurs universités d'Allemagne ou de pays de langue allemande, afin d'y compléter leurs études philosophiques ou de religion.

Bourses Ramsay : 100 livres sterling attribuées tous les ans à un Français, pour lui permettre de faire des recherches de chimie pure ou appliquée dans un des laboratoires de Grande Bretagne ou des Dominions. Adresser les demandes à M. le Recteur de l'Académie de Paris.

Bourses de la Société des Amis de l'Université de Paris :
1º **Fondation Gérard** : 23.000 francs de rente annuelle attribués sous forme de bourse de voyages à l'étranger : 1º à un ancien élève de l'Ecole normale supérieure ou à un agrégé de philosophie, lettres ou histoire ; 2º à un élève diplômé de l'Ecole libre des sciences politiques (Section diplomatique). Adresser les demandes à M. le Recteur de l'Académie de Paris.

2' **Fonds Paul Mellon** : Subventions de frais d'études, complète ou partielle, pour étudiants français ou étrangers de l'Université de Paris. S'adresser comme ci-dessus.

3º **Bourses de voyage** : Attribuées chaque année au printemps à des étudiants désireux d'aller en pays étranger approfondir sur place une question scientifique. Montant : fixé d'après la nature et la durée du voyage à entreprendre. S'adresser au Secrétariat de la Faculté respective avant le 1er février.

Fondation Emil Verhaeren : Donation faite d'une rente annuelle de 2300 francs à l'Université de Paris pour être décernée à tour de rôle à un étudiant français s'intéressant à la littérature ou à l'art belge et à un étudiant belge, s'occupant de la littérature et d'art français. Peuvent être candidats, les étudiants français de deux certificats de licence et les étudiants belges licenciés en art et archéologie ou ayant passé, avec succès, la première épreuve du doctorat en philosophie-lettres. Adresser les demandes à M. le Recteur de l'Académie de Paris, avant le 30 mai.

Bourses de la Ville de Paris : Subvention à l'Ecole pratique des Hautes Études à la Sorbonne : Cette subvention de 36.000 francs est destinée à la fondation de bourses de voyages à l'étranger ou en France. Chaque année, avant le 1er juillet, une liste motivée des candidats à ces bourses est préparée par l'Ecole et transmise par la voie du Ministère de l'Instruction publique au Préfet de la Seine et au Conseil municipal de Paris.

Fondation David Weill : Bourses de séjour dans les universités étrangères, attribuées à des agrégés hommes et femmes, à des docteurs en médecine ou à des pharmaciens se destinant à l'enseignement. Adresser les demandes à M. le Recteur de l'Université, avant le 15 mai.

Bureau des renseignements scientifiques de l'Université
de Paris
Galerie des Sciences, Sorbonne, Paris V

Directeur : M. Henri Goy.
Secrétaire : M. de Bardy.

Définition : Service créé pour centraliser et mettre à la disposition des étudiants français et étrangers et du public, tous renseignements relatifs soit aux moyens d'études existant à Paris soit à la vie matérielle de l'étudiant. Est le siège : 1º du Bureau de renseignements ; 2º de la Société des amis de l'Université de Paris ; 3º de la direction des cours pour étrangers (cours de civilisation et cours de vacances).

Fondation : En 1903, par la Ville et l'Université de Paris.

Ressources : Administre les fonds des trois institutions ci-dessus. Mouvement annuel de fonds : 600.000 francs environ.

Personnel : 5 employés, 1 appariteur et le personnel enseignant des cours pour étrangers.

Activité : Donne verbalement ou par correspondance tous renseignements concernant l'Université de Paris. Renseigne sur chambres, pensions dans les familles. Indique les œuvres universitaires, associations, clubs, cercles. Bureau d'emploi. Administre : *a*) 10 bourses offertes par le Ministère des Affaires étrangères à des étudiants de diverses nationalités ; *b*) fonds distribués à des étudiants français et étrangers par la Société des amis de l'Université. Les demandes doivent être adressées au secrétaire du Bureau, qui fait les propositions à la Commission mixte (un délégué, représentant de la Société et les délégués de chaque Faculté), chargée de nommer les bénéficiaires. Organise les cours de civilisation française (1ᵉʳ novembre à fin juin) et les cours de vacances (1ᵉʳ juillet-31 octobre) à l'usage des étrangers. Bibliothèque contenant les principaux ouvrages relatifs à l'enseignement français, les plans d'études, les conditions d'admission dans les divers établissements et écoles, les programmes des examens et concours ainsi que des notices sur les carrières auxquelles ils donnent accès.

Publications : « Livret de l'Etudiant » (annuel) ; « Annales de l'Université de Paris » (bimensuelles), publiées par la Société des Amis de l'Université.

Cité universitaire de Paris
Boulevard Jourdan, Paris XIV

Président de la Fondation nationale pour le développement de la Cité universitaire de Paris : M. André Honnorat.

Secrétaire : M. Jean Branet.
Siège social de la Fondation : Sorbonne, Paris V.

Définition : Ensemble de pavillons français et étrangers, construits et en construction, en vue de loger des étudiants dans les meilleures conditions de vie matérielle et morale.
Fondation : Loi du 27 juin 1921.
Organisation : Le terrain est cédé par l'Université de Paris aux diverses nations étrangères qui désirent faire élever un pavillon pour leurs étudiants. Chaque pavillon a son organisation et son administration propres.
Ressources : Don initial (10 millions de francs) fait par M. Emile Deutsch de la Meurthe en vue de loger 350 étudiants de nationalité française. Souscriptions, subventions, legs particuliers français et étrangers.
Activité : Pavillons déjà ouverts aux étudiants : Fondation Deutsch de la Meurthe (350 chambres) ; Maison canadienne (50 chambres) ; Fondation Biermans-Lapôtre, étudiants belges (225 chambres). Pavillons en cours de construction : Maison des étudiants argentins (75 chambres) ; Fondation française de l'Institut agronomique (80 chambres) ; Fondation britannique (270 chambres) ; Fondation japonaise (60 chambres) ; Fondation des Etats-Unis (250 chambres) ; Fondation de la Colombie et du Vénézuéla (50 chambres) ; Fondation espagnole (100 chambres). En projet : Maison hollandaise (100 chambres) ; Maison suédoise (50 chambres) ; Maison hongroise (60 chambres).

Fondation Deutsch de la Meurthe
21, boulevard Jourdan, Paris XIV

Directeur : M. Jean Giraud.

La fondation ne reçoit que des étudiants français pendant l'année scolaire. Les étudiants étrangers sont acceptés pendant les vacances.

Fondation canadienne de la Cité Universitaire
19, boulevard Jourdan, Paris XIV

Directeur : M. Firmin Roz.

Fondation : 30 octobre 1926.
Organisation : Conseil d'administration : 5 membres de droit : M. le sénateur Wilson, principal donateur, M. le recteur de l'Aca-

démie de Paris, M. le directeur de l'Enseignement supérieur M. le recteur de l'Institut catholique de Paris, le Commissaire général du Canada à Paris (ou le fonctionnaire canadien qui pourrait être appelé sous un autre titre à remplir cette fonction) ; 2 membres de la colonie canadienne à Paris ; 2 personnes de nationalité canadienne ou française désignées par M. Wilson ; une personne française désignée par le recteur de l'Académie de Paris.

Ressources : Donations ; subventions des gouvernements des diverses provinces du Canada ; versements des étudiants admis à la Fondation.

Activité : M. F. Roz dirige les étudiants canadiens dans leurs relations avec les administrations françaises et les établissements universitaires (admission, inscription, recherches dans bibliothèques, lettres d'introduction). Réceptions et invitations personnelles. 45 des étudiants sont boursiers de la province de Québec (minimum 1.200 dollars). La Fondation canadienne loge 50 étudiants (chambre, petit déjeuner, bains : 400 francs par mois).

Fondation Biermans-Lapôtre en faveur des étudiants belges en France
5, boulevard Jourdan, Paris XIV

Président : M. Biermans.
Secrétaire-économe : M. Aymard.

Fondation : 10 avril 1924.

Organisation : Conseil d'administration. Un secrétaire-économe.

Ressources : Dons particuliers français et belges. Budget : 450.000 francs environ.

Activité : Maison des étudiants belges, accepte les étudiants français pendant l'année scolaire dans la mesure des places disponibles. Loge pendant les vacances des étudiants de toutes nationalités. Conférences, réceptions, bals. Une salle de culture physique est aménagée dans les sous-sol. Soins médicaux gratuits. 10 bourses conférées à des étudiants belges ou du Limbourg hollandais (frais de scolarité, logement, allocation de 500 francs par mois). Les boursiers sont choisis après concours par une Commission de trois professeurs d'université de Belgique. La bourse est renouvelable à la fin de chaque année d'études pendant une période ne pouvant excéder six années. Ces bourses sont réservées à des étudiants de la Faculté des Sciences ou des diverses écoles d'enseignement technique supérieur. 225 chambres à 200 francs par mois, bains et service compris.

Institut britannique de l'Université de Paris
6, rue de la Sorbonne, Paris V

Président : Son Exc. le marquis de Crewe.
Vice-présidents : M. le recteur de l'Université de Paris ; Lord Derby.
Secrétaire général à Paris : M. A. Desclos, directeur-adjoint de l'Office national des Universités françaises.

Définition : Centre d'études pour étudiants anglais et étrangers, et résidence pour étudiants anglais (Maison anglaise en cours de construction, à la Cité universitaire).
Fondation : 1er mai 1927, par décret du Président de la République.
Organisation : Comité à Londres ; Conseil d'administration à Paris.
Ressources : Bâtiments appartenant à l'Université de Paris. Fonds privés provenant des universités anglaises et de particuliers. Argent perçu pour les cours. Cotisations des membres du Clu
Activité : Section anglaise : cours préparant aux examens de l'Université, soit directement, soit par correspondance. Section française : cours destinés aux étudiants étrangers qui préparent le certificat d'études françaises à la Sorbonne, ou le certificat d'études françaises de la Guilde de l'Institut. Cours de vacances pour étrangers, à l'usage des professeurs d'anglais des lycées et collèges. Club : « Association de la Guilde ». Cotisation : 60 francs par an, droits de bibliothèque y compris, pour les étudiants. 100 francs par an pour non-étudiants, sans droit d'accès à la bibliothèque. La Maison anglaise de l'Institut britannique, actuellement en construction à la Cité universitaire, comprendra 270 chambres pour étudiants et étudiantes.

Institut d'Etudes hispaniques de l'Université de Paris
96, boulevard Raspail, Paris VI

Président : M. E. Martinenche, professeur à la Faculté des Lettres.
Secrétaire général : M. C. Ibanez de Ibero.

But : Coordonner et développer les études relatives à la langue et à la littérature espagnoles et faciliter aux Espagnols résidant à Paris l'étude de la langue et de la littérature françaises.
Fondation : 1913 (Centre d'études franco-hispaniques). Devient l'Institut d'études hispaniques de l'Université de Paris par décision du Conseil de l'Université du 17 mars 1917. Décret du Gouvernement français : 1920.

Administration : Comité mixte de 12 membres (6 membres français, 6 espagnols), présidé par le professeur de langue et littérature espagnoles à la Sorbonne. Le secrétaire général est toujours espagnol et nommé par le recteur de l'Université de Paris, en accord avec l'Ambassadeur d'Espagne.

Ressources : Subvention du Gouvernement espagnol. Dons de particuliers.

Activité : Cours et conférences. Hôtel en construction, rue Gay-Lussac, où auront lieu les cours. Bibliothèque espagnole et salle de travail. Bureau de recherches scientifiques et d'informations. Orientation des études des boursiers envoyés par la Junta para ampliación de estudios (v. p. 54). Concours et exposition de livres.

Publications : Monographies concernant l'Espagne.

Institut d'Etudes scandinaves à la Sorbonne

Directeur : M. le professeur Paul Verrier.

But : Développer et répandre la connaissance des pays scandinaves et d'organiser des relations personnelles entre professeurs et étudiants scandinaves et français.

Fondation : Fonctionnait dès novembre 1921. Fondation officielle par arrêté ministériel : juin 1922.

Organisation : 1 professeur, M. Verrier ; 3 lecteurs, un danois et un norvégien (lecteurs d'échange), un suédois rétribué par l'Université de Paris.

Activité : Enseignement théorique et pratique des langues et littératures scandinaves. Bibliothèque scandinave. Conférences données à la Sorbonne et à la Faculté de Droit par professeurs scandinaves (invités annuellement par l'Institut). Bourses attribuées suivant les possibilités (de 1.000 à 4.000 francs) à 1, 2 ou 3 étudiants français. Adresser les demandes au directeur. La *Normannia*, Association pour le développement des rapports universitaires franco-scandinaves, se rattachant à l'Institut.

Institut d'Etudes slaves
9, rue Michelet, Paris VI

Président : M. Antoine Meillet, professeur au Collège de France.
Secrétaire général : M. L. Eisenmann, professeur à la Sorbonne.

But : Développement des études relatives à la connaissance des questions slaves en général et des problèmes de l'Europe centrale et orientale, en vue de resserrer les liens qui unissent les peuples slaves à la France.

Fondation : 1919, sur l'initiative d'Ernest Denis.

Organisation : Conseil d'administration de 30 membres parmi lesquels sont choisis 1 président, 4 vice-présidents, 1 secrétaire général, 1 trésorier.

Ressources : Subventions du Ministère des Affaires étrangères. des Gouvernements polonais, tchécoslovaque et yougoslave. Cotisations des membres (20 francs par an).

Activité : Administration des bourses offertes par le Ministère des Affaires étrangères (20 boursiers tchèques, 10 yougoslaves, 10 polonais, 8 bulgares). Surveillance des études des boursiers. Proposition au Ministère de l'Instruction publique des boursiers français pour les pays slaves (10 bourses de 12.000 couronnes offertes par la Tchécoslovaquie, 2 de 300 zloty par mois, offertes par la Pologne ; 3 bourses de 2.500 dinars par mois, offertes par la Yougoslavie). Administration des bourses et secours offerts par le Ministère des Affaires étrangères à des étudiants ou professeurs russes (répartis dans toute la France). Cours de littérature polonaise et de littérature yougoslave. Bibliothèque, salle de lecture et de travail. Réception et conférences de savants slaves et voyages de savants français en pays slaves. Organisation d'un enseignement supérieur russe auprès de l'Université de Paris et hospitalisation des professeurs d'Universités ou de grandes écoles, russes qui se trouvent à Paris par suite des événements politiques. L'Institut d'Etudes slaves prend part à la direction des Instituts français de Prague (directeur : M. Eisenmann) et de Varsovie (directeur : M. Féyel) et sert de liaison entre ces deux Instituts et l'Université de Paris.

Publications : « Revue des Etudes slaves » (trimestrielle) ; grammaires, manuels.

Société universitaire des Amis de l'Etudiante
Siège social : 5, rue de la Sorbonne
Secrétariat : 46, rue Saint-Jacques (Sorbonne)

Présidente : Mme Charléty.
Secrétaire : Mme Mornet.

But : Faciliter l'installation des étudiantes de toute nationalité à Paris, en les aidant dans l'organisation de leur vie matérielle et en leur évitant l'isolement.

Fondation : 1920.

Organisation : Conseil d'administration composé par femmes de professeurs de l'Université, la présidente étant la femme du recteur.

Ressources : Dons particuliers. Cotisations (membres bienfaiteurs, 100 francs ; adhérents, 20 francs ; actifs, 10 francs). Subvention du Ministère de l'Instruction publique.

Activité : Service de logement (adresses de pensions de famille ; chaque maison est enquêtée et surveillée). Service médical gratuit (consultation à domicile, transport à l'hôpital Pasteur). Bourses : *a*) de logement ; *b*) de vacances (voyages payés aux étudiants qui se rendent dans leur famille) ; *c*) d'études (inscriptions et frais d'examen). Tickets de repas. Prêts jusqu'à 300 francs. Les bénéficiaires des bourses sont désignées par les directrices des Associations et Maisons d'étudiantes. Les jeunes filles qui ne font partie d'aucune Association doivent adresser leur demande — accompagnée de références de professeurs — au Secrétariat. La Société a créé la « Maison des étudiantes », 214, boulevard Raspail. 7 % d'étudiantes étrangères pendant l'année scolaire. Pendant les vacances, échange d'étudiantes avec les pays étrangers et hospitalisation d'étudiantes étrangères.

Université de Poitiers

Comité de Patronage des étudiants étrangers

Renseignements sur études et vie matérielle. Envoie programme des cours, sur demande.

Institut de Touraine pour les étrangers
1, rue de la Grandière, Tours

Fondation : Décret du Ministère de l'Instruction publique, 11 mars 1921. Fondé avec le patronage de l'Alliance française.

Activité : Organise chaque année des cours permanents et des cours de vacances pour les étrangers. (Cours élémentaire, cours pratiques, conférences). L'Institut s'occupe aussi du logement des étudiants et de tous renseignements pratiques. Réduction sur la taxe de séjour pour étrangers inscrits, et sur le prix du voyage.

Université de Rennes

Office des étudiants étrangers

Renseignements sur moyens d'études et vie matérielle. Bibliothèque. Salle de lecture.

Université de Strasbourg

Bourses

Bourse fondée par l'Université en faveur d'un étudiant américain.

Bureau de renseignements pour les étudiants étrangers
Palais de l'Université

Directeur : M. E. Hoepffner, professeur à la Faculté des Lettres.

Fondation : 1920.
Administration : Conseil de l'Université.
Ressources : Subvention de l'Université de Strasbourg.
Activité : Renseignements propres à faciliter études ou organisation de vie matérielle.

Société des Amis de l'Université de Strasbourg

Echanges d'étudiants. Création de bourses.

Université de Toulouse

Bourses

Bourses fondées par l'Université en faveur de 2 étudiants américains. 2 bourses créées par l'intermédiaire de l'Office national des Universités (étudiants américains). Quatre exemptions de frais d'études (étudiants américains).

Comité de Patronage des étudiants de l'Université de Toulouse
2, place Arnaud-Bernard

Organise propagande à l'étranger en faveur de l'Université et des grandes écoles. Renseignements pour organisation d'études et de vie matérielle.
Le Comité a créé l'

Office de l'Université, 56, rue du Taur, Toulouse. *Secrétaire* : Mlle Dordan. *Activité* : Service de renseignement intéressant les étudiants étrangers.

Groupe de Toulouse de l'Association des Boursières et Boursiers Franco-Américains
15, rue Montoulieu-Vélane

Présidente : Mme A. M. Bertrand Bernet, (cf. A. B. B. F. A., p. 90)

Ecole Normale supérieure d'enseignement secondaire des jeunes filles
Sèvres, près Paris

Fondation : 1881.
Activité : Forme les professeurs pour l'enseignement secondaire féminin. Deux bourses offertes à des étudiantes américaines.

ORGANISATIONS DIVERSES

Alliance française
101, boulevard Raspail, Paris VI

Président : M. Paul Doumer.
Secrétaire général : M. Paul Labbé.

Définition : Association nationale pour la propagation de la langue française dans les colonies et à l'étranger.
Fondation : 1883. Reconnue d'utilité publique par décret du Président de la République : 23 octobre 1886.
Activité : A l'étranger, aide à maintenir l'emploi de la langue nationale parmi les groupes français. Favorise fondation et entretien d'écoles enseignant la langue française. Envoie conférenciers. A Paris : Organise des cours de vacances, de langue, de littérature et de civilisation françaises pour étrangers ; Ecole pratique de langue française (fondée le 27 octobre 1919) comprenant : 1º cours complet d'études françaises ; 2º préparation aux Facultés et écoles supérieures ; 3º préparation au certificat d'études françaises de l'Université de Paris ; 4º exercices de langue française pour les étudiants étrangers de la Sorbonne ; 5º cours du soir. Conférences par personnalités littéraires ou politiques.

Alliance israélite universelle, Groupement France
45, rue La Bruyère, Paris IX

Directeur : M. Jacques Bigart.

 Ressources : Budget : 130.000 francs.
 Organisation : Comité des étudiants.
 Activité : Vient en aide aux étudiants juifs de tous les pays.
Des subventions mensuelles de 150 à 200 francs, sont accordées
à titre de prêts.

American University Union in Europe, Continental Division
173, boulevard Saint-Germain, Paris VI

Directeur en 1927-28 : M. le professeur Ch. B. Vibbert.
Directeur-adjoint : M. Horatio S. Krans.

 Définition : Office de liaison entre les universités américaines
et françaises, et home pour les étudiants américains, en même temps
que bureau de renseignements.
 Fondé : En 1917.
 Organisation : Administrée par un Comité en Amérique,
nommé par l'« Institute of International Education ». 1 directeur
(nommé chaque année), 1 directeur-adjoint permanent. Offices :
à Londres (cf. p. 108) ; à Rome (Library of American Studies,
271 Corso Umberto 1).
 Personnel : 6 secrétaires, dactylos.
 Activité : Aide aux étudiants américains dans le choix de leurs
études, recherche de logement. Procure emploi aux moins for-
tunés. Aide aux étudiants français qui désirent aller aux Etats-
Unis. Renseignements. Relations avec organisations et person-
nages en mission pour étudier l'enseignement en France (conseils,
démarches pour obtenir autorisation de visiter les écoles, etc.).
Collabore avec l'Office national des Universités françaises pour
toutes affaires concernant les Etats-Unis. Réceptions d'étudiants
et professeurs français et américains. Publie un rapport annuel.

American University Women's Club
4, rue de Chevreuse, Paris

Directrice : Miss Leet.

Définition : Club pour fournir un home aux étudiantes américaines et les mettre en relations avec leurs camarades françaises et étrangères.

Fondé : 1922.

Organisation : Comité à New-York : Présidente : Miss Virginia Gildersleeve, doyenne de Barnard College; à Paris : 1 directrice, assistée d'une secrétaire ; 1 directrice adjointe ; 1 économe.

Activité : Offre logement pour 66 étudiantes américaines, 6 studios pour artistes. Grande salle de réception, prêtée à organisations universitaires (bals, réception). Thé tous les mercredis pour étudiantes et étudiants étrangers. 2 dîners et une grande réception par mois, avec orateurs français. Cinq bourses partielles de logement offertes à des jeunes filles françaises, une bourse à une jeune fille anglaise.

Association d'accueil aux étudiants des Etats-Unis
57, rue de Babylone, Paris VII

Président : M. J. Dal Piaz.
Secrétaire : Mme A. Séligmann-Lui.

Définition : Association ayant pour objet d'accueillir les jeunes gens et les jeunes filles des Etats-Unis venus à Paris, plus spécialement les étudiants, de les recevoir ou de les faire recevoir dans les familles françaises, et de suppléer pour eux, dans la mesure du possible, à l'absence de leur foyer familial.

Fondation : 1922.

Organisation : Administrée par un Conseil composé de 20 membres, nommés par l'Assemblée générale pour une période de 2 ans. Ce Conseil désigne chaque année un bureau composé d'un président, d'un ou 2 vice-présidents et d'un secrétaire-trésorier. Peut nommer aussi un Comité de dames chargé de l'organisation des réunions ou fêtes données par l'œuvre.

Ressources : Cotisations des membres. Dons particuliers.

Activité : Organisation de réunions auxquelles sont convoquées les familles françaises adhérentes et les étudiants américains. Etablit entre eux des relations de façon à permettre aux familles françaises de recevoir chez elles les jeunes américains admis dans l'Association comme membres temporaires. Organisation d'excursions, fêtes, conférences, visites de monuments.

Association amicale et de Patronage franco-chinois
1, rue de Fleurus, Paris VI

Directeur : M. Bradier.
Secrétaire général : M. Jean Audinet.

Définition : Association qui a pour but de faire naître et d'entretenir entre Français et Chinois des relations d'estime mutuelle, de cordialité et de solidarité propres à les faire se mieux connaître et apprécier, et de faciliter le séjour en France d'une élite d'étudiants chinois en leur apportant toute aide possible.
Fondation : 1923 (fusion de l'Association amicale franco-chinoise, fondée en 1907, et du Comité franco-chinois de patronage des jeunes Chinois en France, fondé en 1921).
Organisation : Conseil de direction composé de 30 membres. Président d'honneur : le Ministre de Chine à Paris.
Ressources : Cotisations des membres ; subventions du Ministère des Affaires étrangères et du Ministère de l'Instruction publique.
Activité : Orientation des études des étudiants chinois. Patronage des étudiant ouvriers (pour leur admission dans des entreprisess ou établissements industriels ou commerciaux). Administration des bourses du Ministère des Affaires étrangères (12 bourses de 6.000 fr. par an). Prêts d'honneur, avances à court terme. Service médical gratuit. Bureau d'emplois. Réception des hôtes de marque envoyés par la Chine en France.

Association des Boursières et Boursiers franco-américains
96, boulevard Raspail, Paris VI

Président : M. J. Grassin.
Secrétaire : Mlle A. Pratoucy.

Définition : Groupement des étudiants ou anciens étudiants français, bénéficiaires de bourses d'études aux Etats-Unis, et des étudiants américains bénéficiaires de bourses en France.
Fondation : 1921.
Organisation : Comité composé d'un président, d'un vice-président, d'une vice-présidente, d'un secrétaire, d'un trésorier, et de 4 conseillers américains. Branche à Toulouse (cf. p. 87).
Ressources : Cotisations des membres (20 francs). Subvention du Ministère de l'Instruction publique.

Activité : Aide et conseils aux étudiants américains pour l'organisation de vie matérielle et études (renseignements pour inscriptions dans Facultés et méthodes de travail). Propagande pour les bourses américaines auprès des étudiants et étudiantes français et renseignements sur la vie universitaire et sociale aux Etats-Unis. Petits prêts d'honneur à court terme. Bureau d'emplois. Réceptions de groupes d'étudiants américains de passage. Collaboration avec la Section d'études à l'étranger de l'Université de Delaware. Réunions récréatives. Excursions.

Publication : « Bulletin de l'Association des Boursières et Boursiers Franco-Américains » (annuel).

Association des étudiants hongrois de Paris
Hôtel du Cèdre, 1 *bis*, rue Lacépède

Président : M. Paul Charmant.
Secrétaire : M. Paul Ujvári.

Définition : Groupement des étudiants hongrois des diverses Facultés et Écoles pour les mettre en relation, à l'aide de conférences, réunions, réceptions, etc., avec les étudiants français et étrangers.
Fondation : 1925.
Organisation : 1 président, 1 vice-président, 1 secrétaire, 1 trésorier.
Ressources : Subvention de la Société hongroise de Paris.
Activité : Renseignements sur les universités hongroises. Conférences en hongrois et en français sur sujet d'actualité. Prêts de petites sommes à courte échéance. Bureau de voyages à prix réduit.
Publications : Choix d'œuvres écrites par les membres (en hongrois) ; « Société hongroise de Paris » ; « Annales de l'Association » (annuelles).

Association francaise des Amis de l'Orient
Musée Guimet, 6, place d'Iéna, Paris XVI

Président : M. Sénart.
Secrétaire général : M. Hackin.

But : Recueillir les étudiants des pays d'Orient, leur faire connaître la pensée française et les milieux français, favoriser, en France, le goût des études orientales, en Orient le goût des études françaises.

Fondation : 1920. Filiale à Strasbourg : 8A, boulevard Rouget-de l'Isle.

Ressources : Cotisations. Subventions du Ministère des Affaires étrangères.

Budget : 30.000 francs.

Activité : Organise l'accueil des étudiants orientaux dans des familles françaises sélectionnées. Renseigne sur les pensions, chambres, etc. Indique des correspondants orientaux aux Français et réciproquement des correspondants français aux Orientaux. Organise, le dernier samedi de chaque mois, des réceptions amicales, thé, suivies quelquefois de danses, chants, etc. Est chargée par le Ministère des Affaires étrangères d'administrer un certain nombre de bourses, pour des étudiants turcs principalement (20 bourses). Ce sont les autorités des pays étrangers qui proposent les étudiants admis à bénéficier de ces bourses. Contribue à constituer des bibliothèques françaises en Orient : par exemple, la bibliothèque de l'Alliance française au Siam, la bibliothèque de l'Université de Tagore. Conférences avec projections dans le but de faire connaître l'Orient aux Français. Causeries faites par des Orientaux de valeur. Prêts sous forme d'avances sur les bourses qu'elle administre. Indique des traducteurs compétents. Bibliothèque : livres, périodiques, peuvent être emportés à domicile. Est en relations très suivies avec « India Society » de Londres (3 Victoria St.), « Société des Arts asiatiques » (La Haye, 19 Boreel Straat), Société de l'Art asiatique de Vienne. L'Association compte à peu près 700 membres (Perses, Turcs, Afghans, Anglais, Américains, Hindous).

Association France-Grande Bretagne
1, rue d'Astorg, Paris VIII

Secrétaire général : M. G. H. Camerlynck.

Activité : Aide aux professeurs et étudiants français et anglais par création de bourses (sur ses propres fonds et par appoint de firmes ou syndicats industriels et commerciaux). 37 bourses distribuées en 4 ans (de 2.000 à 3.000 francs chacune), attribuées à étudiants se destinant aux carrières universitaires, commerciales ou industrielles.

Association franco-écossaise, Branche française
96, boulevard Raspail, Paris VI

Président : M. Emile Legouis, professeur à la Sorbonne.

Définition : A pour objet le développement des relations intellectuelles et économiques entre la France et l'Ecosse.

Fondation : 1895.

Organisation : Comité central composé d'un président, de 3 vice-présidents, d'un secrétaire général, d'un secrétaire général-adjoint et de 30 conseillers. *Branche écossaise* : Président : The Right Honourable, the Earl of Stair, D. S. O. Secrétaire général : D. Baird-Smith, C.B.E. LL.D., 205, St. Vincent Street, Glasgow.

Ressources : Cotisations annuelles ; dons et subventions.

Activité : Cours, conférences ; organisation du patronage des étudiants écossais faisant des études dans les écoles ou universités françaises ; encouragement aux étudiants français allant en Ecosse pour leurs études. Relations amicales entre les deux branches de l'Association, entretenues par des meetings et des excursions périodiques, alternativement en France et en Ecosse. Etude des questions économiques intéressant la France et l'Ecosse. Projet d'organisation à Paris d'une « Semaine Ecossaise » (conférences sur l'Ecosse, expositions de peinture, etc.). Subvention accordée à un étudiant, qui devra composer un mémoire sur l'étude des relations franco-écossaises dans le passé.

Association générale des étudiants juifs de Paris
2, rue Lhomond, Paris V

Président : M. Bouruchovitz.

Secrétaire : M. Massis.

Définition : Association non religieuse et non politique qui a pour but de grouper et d'aider intellectuellement et matériellement les étudiants juifs de Paris.

Fondation : 1927.

Ressources : Bénéfices effectués sur bals et soirées, dons privés, cotisations des membres.

Personnel : 1 secrétaire.

Activité : Renseignements universitaires et matériels. Caisse de prêts à court terme. Réduction sur le prix des repas pris au restaurant. Secours médical gratuit. Bureau d'emplois. Salle de lecture (journaux français et yiddisch). Conférences sociales et littéraires, en français, yiddisch, hébreu. Journal parlé (tous les mois, par les membres eux-mêmes). Travaille à l'organisation de la « Société des Amis de l'étudiant juif ».

Association générale des étudiants roumains en France
28, rue Serpente, Paris VI

Président : M. Rado Budistano.
Secrétaire général : M. Paladi.

Définition : Réunion des étudiants roumains dans l'intérêt de leurs études, en les faisant bénéficier du concours des autorités roumaines, françaises et autres et en établissant entre eux et les étudiants français des liens de solidarité et de fraternité.

Fondation : 1848.

Organisations : Membres actifs (étudiants), extraordinaires (non étudiants), fondateurs, honoraires. Comité se composant de 15 membres au maximum qui élisent le bureau (président, vice-président, secrétaire, trésorier, bibliothécaire, censeur). *Adhérents* : Grenoble, Lille, Nancy, Strasbourg, Toulouse.

Ressources : Cotisations des membres. Subventions des autorités roumaines et donations particulières.

Activité : Renseignements universitaires et autres, donnés aux étudiants français qui désirent partir en Roumanie. Conférences sur la Roumanie faites par personnalités littéraires et politiques françaises et roumaines (ces conférences seront publiées prochainement). L'Association représente officiellement les étudiants roumains en France devant les autorités roumaines et françaises.

Association des étudiants russes en France
35, rue de Sèvres, Paris XV

Président : M. Simon Pepp.

But : Faciliter les études des étudiants russes à l'étranger.

Fondation : 1921.

Organisation : Comité de 5 membres. Branche à Toulouse : Président, M. Alexander Dmitrieff.

Ressources : Cotisations mensuelles.

Activité : Collaboration avec C.I.E. par l'intermédiaire de l' « Oreso » (16, ulica Karoliny Svetlé, Prague). Bourses. Repas gratuits.

La Bienvenue Française
19, rue du Four, Paris VI

Président : M. le Maréchal Foch.
Secrétaire générale : Mme Boas de Jouvenel, 36 membres.

Définition : Association créée pour favoriser les échanges intellectuels et moraux entre nations à l'aide de contacts personnels.

Fondée : En 1920, par Mme Boas de Jouvenel et M. Ch. Widor.

Organisation : Comité de réceptions. Comités de bienvenue, organisés dans les pays alliés et amis sur le modèle de celui de Paris, patronés par les représentants officiels de la France, Suisse, Etats-Unis, Hollande, Egypte, Luxembourg, Tchécoslovaquie.

Activité : Publication et envoi d'une brochure comprenant les lettres des plus hautes personnalités et des plus grandes institutions de France invitant les étrangers. Rapports avec les universités de chaque pays. Réceptions de délégations d'étudiants et de professeurs. Comités locaux, chargés de recevoir les étudiants étrangers recommandés, facilités pour la visite du pays, accueil dans des familles judicieusement sélectionnées. Création au bureau central de Paris de fichiers très complets, permettant aux professeurs et étudiants étrangers recommandés, par leur ambassade, de trouver des renseignements sur toutes les branches de l'activité industrielle, sociale, artistique, intellectuelle, économique, etc. de la France. Relations avec les grandes écoles, les associations d'anciens élèves, les bibliothèques, les musées, pour faciliter aux étrangers la connaissance de la pensée française. C'est ainsi que la Bienvenue française peut procurer l'accès de collections privées, de châteaux historiques, etc., ordinairement fermés au public. Lettres d'introduction auprès des familles désireuses d'accueillir les étudiants étrangers.

Maison des étudiants de la Bienvenue française
(Fondation J. H. Thors)
Louveciennes

Pavillon situé dans le parc du Château de Prunay, à Louveciennes, près Paris, recevant gratuitement, pendant une année, des étudiants d'élite. En 1923 (1re année) ont été invités : un étudiant américain, un anglais, un belge, un espagnol, un français, un italien, choisis par leurs gouvernements respectifs. Ces étudiants sont mis en contact par la Bienvenue française avec les plus hautes sommités de leur spécialité afin qu'ils puissent perfectionner leurs études dans les meilleures conditions intellectuelles et matérielles possibles. A la fin des études, des voyages en France ou aux colonies sont organisés par les Comités locaux.

La „Foreign Study Section of the University of Delaware" (Etats-Unis)

est logée dans la Maison de la Bienvenue française. Pour tous renseignements, s'adresser à M. le professeur R. W. Kirkbride, directeur, 19, rue du Four, Paris VI.

Bureau franco-danois de renseignements universitaires
30, rue de Vaugirard, Paris V

Directeur : Le lecteur de langue danoise à la Sorbonne.

Finances, Organisation et *Activité* : voir p. 52.

Bureau franco-hongrois de renseignements universitaires
I *bis*, rue Lacépède, Paris V

Directeur : M. le Dr. Léopold Müller.

Définition : Office de liaison et de renseignements entre les universités de Hongrie et de France, et de patronage des boursiers hongrois.
Fondé : En 1927, par décret du Ministère de l'Instruction publique hongroise.
Ressources : Subventions ministérielles hongroises.
Activité : Renseignements donnés aux étrangers en ce qui concerne la Hongrie. Patronage des boursiers hongrois. Orientation d'études. Bourses : 20 bourses offertes par le Gouvernement hongrois ; 7 bourses offertes par le Gouvernement français. Echanges de professeurs entre l'Université de Paris et les universités hongroises. Salle de lecture (journaux hongrois et français). Réunions deux fois par mois, avec conférences par des personnalités hongroises et étrangères sur des sujets d'actualité.

Centre d'Etudes néerlandaises
25, rue Servandoni, Paris VI

Directeur : M. Vreede.

Définition : Bureau pour le développement des études néerlandaises en France et la propagation des études françaises dans les pays néerlandais.

Fondation : 1923.

Organisation : Section hollandaise ; Section française ; Comité scientifique franco-hollandais.

Ressources : Dons ; subventions de l'Etat néerlandais. Le Comité scientifique reçoit une subvention de l'Etat français.

Activité : Le Comité propose les nominations des professeurs français à envoyer aux Pays-Bas, paie les frais de voyage et de séjour. Il accueille les professeurs hollandais choisis par le Comité hollandais pour venir faire des conférences et des cours en France.

Dans l'intérêt du développement du Centre d'études néerlandaises s'est constituée la

Société des Amis du Centre d'Etudes néerlandaises
25, rue Servandoni, Paris VI

Président : M. le professeur Hubert Pernot.
Secrétaire général : M. Vreede.

Définition : Association destinée à favoriser le développement du Centre d'études.

Fondation : 11 mai 1927.

Organisation : Comité de direction (président, 2 vice-présidents, 1 secrétaire général, 1 secrétaire général-adjoint, trésorier, commissaire général et 6 membres élus par l'Assemblée générale). Le Comité se réunit au moins deux fois par an.

Ressources : Cotisations et souscriptions.

Activité : Création de chaires, de cours et de conférences dans les diverses Facultés et Ecoles. Attribution de subventions au Centre d'études, en vue de la création de bourses d'études et de voyage, l'organisation d'un bureau de renseignement et d'une bibliothèque, la traduction d'œuvres néerlandaises en français, d'études originales sur la civilisation des Pays-Bas et sur l'histoire des relations intellectuelles franco-hollandaises.

Comité Catholique des Amitiés françaises à l'étranger
3, rue Garancière, Paris VI

Directeur : Mgr. Baudrillart.
Secrétaire : Mgr. Beaupin.

Fondation : 1915.
Ressources : Dons.
Activité : Le Comité accueille les étudiants et professeurs étrangers catholiques qui veulent séjourner ou sont de passage en France. Au point de vue purement universitaire, il offre : 1º « L'Œuvre des Bourses » fondée en 1920, a déjà distribué, à Paris et à Lille, plus de 300.000 francs de subsides et de secours d'études à des étudiants étrangers. 2º « L'Œuvre des Livres » qui rassemble les ouvrages usagés de Sciences religieuses, et les répartis dans les bibliothèques des universités, collèges, pensionnats étrangers.
Publications : « Almanach catholique français » ; « Amitiés catholiques françaises » (mensuelles).

Comité Central de Patronage de la Jeunesse universitaire russe à l'étranger
79, boulevard Saint-Michel, Paris V

Président : M. M. Fédoroff.

Définition : Association des organisations russes groupées dans un but de bienfaisance en vue de la protection et de l'éducation de la jeunesse russe à l'étranger.
Fondation : 1923.
Organisation : Comité formé par représentants des organisations russes, à raison de 2 représentants par organisation.
Ressources : Subventions des gouvernements étrangers (américain, anglais, français, hollandais). Subvention de la Banque de France. Dons privés.
Activité : Bourses : de 50 à 300 francs par mois (1.000 bourses par an en France). Prêts d'honneur. Bureau d'emplois. Deux foyers organisés à Paris : 91, rue Lecourbe (70 lits) et 10, boulevard Montparnasse (11 lits).

Comité français de l'Entr'aide universitaire
1, rue Jean-de-Beauvais, Paris V

Secrétaire général : Mme Zagorovsky-Roche.

Définition : Succursale de l'Entr'aide universitaire (cf. p. 12).
Fondation : 1926.
Organisation : Conseil d'administration élu chaque année, 1 président, vice-président, secrétaire, trésorier.

Ressources : Dons.

Personnel : Deux étudiantes travaillant l'une à journée entière l'autre à demi-journée ; une dactylo.

Activité : Prêts individuels. Petits secours momentanés. Prêts d'honneur aux émigrés russes (250.000 francs en 1927 ; 70 bourses à 300 francs par mois en 1928) ; accordés aux étudiants qui sont près de la fin de leurs études et qui sont très bien notés. Aide morale. Mutuelle médicale avec possibilité d'envoyer les étudiants dans des maisons de repos et de vacances. Majorité d'étudiants étrangers. Mise en contact avec familles françaises. Soirées, thés gratuits, conférences sur sujets internationaux. Petite bibliothèque, avec journaux et revues français et étrangers. Réception de groupes d'étudiants venant en France. Favorise les voyages des étudiants français à l'étranger par renseignements et démarches auprès des autorités universitaires étrangères. Projet : échanges d'étudiants avec l'Angleterre et l'Allemagne.

Comité de Patronage des étudiants japonais en France
18, rue Séguier, Paris VI

Président : M. Michel Revon, professeur à la Faculté des Lettres.

But : Accueil et patronage des étudiants japonais en France.
Fondation : 1921.
Organisation : Comité ayant pour présidents d'honneur Son Exc. le vicomte Ishii, MM. P. Appell, J. Cavalier et S. Charléty.
Ressources : Cotisations : Membres bienfaiteurs (versement unique : 500 francs), titulaires (cotisation : 20 francs) et adhérents (5 francs).
Activité : Conseils pour orientation d'études, logement, pensions. Achat de livres d'études. Secours pour impression de thèses. Bibliothèque.

Ecole Roumaine en France
Fontenay-aux-Roses (Seine)

Directeur : M. le professeur N. Iorga.

But : Faciliter les études historiques et philologiques de jeunes étudiants roumains en France. Développement des relations entre les savants des deux pays.
Fondation : 1921 (loi de 1920).

Ressources : Subvention annuelle du Gouvernement roumain, 900.000 lei.

Activité : Logements dans la Maison de l'École pour les boursiers. Salles de réceptions, bibliothèque. Petit musée pour ethnographie et histoire roumaine. Atelier. 10 boursiers : chacune des quatre universités roumaines envoie 2 boursiers, ainsi que l'École des Beaux-Arts. Durée des études : 2 années. Chaque boursier reçoit, par mois, 300 francs de l'Ecole et 600 francs du Ministère des finances. Pension gratuite.

Publications : « Mélanges de l'Ecole roumaine en France » (annuelle).

Fédération française des Associations chrétiennes d'étudiants
4, rue Jean-de-Beauvais, Paris V

Secrétaire général : M. Charles Westphal.
Secrétaire pour étudiants étrangers : M. Vulcanesco.

Fondation : 1898.
Organisation : Comité de Direction. La Fédération est membre de la Fédération universelle des Associations chrétiennes d'étudiants (cf. p. 15), 29 *succursales* en province.
Ressources : Dons et cotisations.
Activité : Orientation d'études. Conseils pour la vie matérielle, pensions. Foyer et cercle, réunions, réceptions. Echanges d'étudiants au pair entre familles de divers pays. Voyages payés aux étudiants pour assister à divers congrès de la Fédération. Réception des professeurs étrangers membres de la Fédération (participation aux frais). Cercles d'études religieuses, sociales, pédagogiques. Emplois procurés aux étudiants français, à l'étranger, et aux étudiants étrangers en France. Collaboration avec l' « Entr'aide universitaire » pour les secours matériels. Réunion une fois par mois avec les membres d'autres organisations. Rapport de correspondance.
Publications : « Le Semeur », « La Correspondance fédérative », « Notre Revue » (mensuelles).

Fédération française des Étudiants catholiques
3, rue de l'Abbé-de-l'Epée, Paris V

Président : M. G. Rémond.
Secrétaire : M. Hervieux.

Fondation : 1922.

Activité : Moyen de liaison entre les étudiants catholiques étrangers et français, par : échange de correspondance ; échange d'étudiants (les demandes sont transmises à Pax Romana) ; renseignements aux adhérents étrangers sur les écoles et les études françaises ; envoi de programmes, sur demande, aux étudiants qui veulent étudier en France ; accueil des étudiants étrangers ; orga_ nisation des voyages d'études ; accueil des professeurs qui lui sont recommandés par les Fédérations étrangères.

Publication : « L'Etudiant catholique » (mensuelle).

Foyer des étudiants allemands à Paris
(Vereinigung deutscher Studierender in Paris)
4, rue des Deux-Ponts, Paris IV

Définition : Centre des étudiants allemands à Paris.
Fondation :1927.
Ressources : Cotisations des membres, donations.
Organisation : Sous le contrôle d'un Comité composé de quatre membres de la colonie allemande.

Activité : Organisation de cours de français et de littérature française ; échanges de leçons, avec collaboration de l' «Association française pour l'échange de conversation franco-allemande ». Participation aux conférences et discussions de la « Société pour la propagation des langues étrangères en France »; relations avec des étudiants français ; salle de lecture ; bureau de renseignements et de logements.

Foyer franco-scandinave des étudiants
25, rue Servandoni Paris VI

Présidents d'honneur : M. Charléty, Général Berthoulat.
Secrétaire général : Baron Yves de Constantin.
Directeur : M. C. H. Naeser.

Ressources : Subventions du Ministère de l'Instruction publique et du Ministère des Affaires étrangères, et cotisations.

Activité : Aide les étudiants scandinaves dans la direction de leurs études, la recherche d'un logement. Leur offre un Cercle (salle de lecture, bibliothèque, journaux scandinaves, renseignements) et un Foyer (réunion tous les mardis soirs avec étudiants français et étrangers, thé, causerie, musique). Restaurant de cuisine danoise. Organise des excursions et voyages d'études en France. Place des jeunes filles et jeunes gens scandinaves dans des familles françaises.

Foyer international des Étudiantes « Student Hostel »
93, boulevard Saint-Michel, Paris V

Directrice : Miss Watson.

Fondation : 1906, par Mrs. Withny Hoff ; en 1907, passe sous la direction de Y. W. C. A. ; en 1928, se transforme sous la dépendance morale et financière de la Fédération française des Associations chrétiennes d'étudiantes.

Organisation : Un Comité de direction nommé par la Fédération française des Associations chrétiennes d'étudiantes. Personnel choisi par la même Fédération.

Ressources : Souscriptions, cotisations (25 francs par an).

Personnel : Une grande partie du personnel est composé d'étudiantes (demi-journées).

Activité : Renseignements aux étudiantes étrangères au point de vue intellectuel et matériel. Le Foyer dispose de 120 lits ; 90 lits sont réservés aux étudiantes étrangères. Restaurant : réservé aux étudiantes qui peuvent y inviter leurs camarades masculins (salon spécialement réservé). Club : réceptions. Conférences. Infirmerie et dispensaire : pour étudiantes membres du Club non résidentes. Camps de vacances. Echanges de secrétaires avec des secrétaires d'autres branches de la F.U.A.C.E. (cf. p. 15) à l'étranger. Prêts d'honneur : petites sommes à courte échéance. Aide momentanée. Le Foyer reçoit, dans le personnel, une étrangère au pair ; quatre étudiantes au pair, qui aident au service. Deux bourses de logement : bourse Rose Collin, bourse de la « Ligue des Femmes pour la Paix et la Liberté ». Bourses de repas (une vingtaine).

Publications : Rapport irrégulier. Brochure avec photos.

Groupe Académique Russe à Paris
96, boulevard Raspail, Paris VI

Fondation : 1920.

Organisation : Conseil d'administration. Les membres sont choisis annuellement par l'Assemblée générale. Organisation centrale : Union des groupes académiques russes à l'étranger, Prague, Lazarska 11.

Ressources : Cotisations des membres. Subventions de diverses institutions russes membres de l'organisation. Prélèvement sur salaires des professeurs. Budget annuel : 16.000 francs.

Activité : Cours pour étudiants russes. Commissions d'examen pour candidats aux diplômes de licencié et de docteur en droit des anciennes universités russes. Certificats pour études faites en Russie, délivrés aux étudiants qui veulent poursuivre leurs études en France. Participation à la fondation du lycée russe à Paris.

Groupement des Universités et Grandes Écoles de France pour les relations avec l'Amérique latine
96, boulevard Raspail, Paris VI

Directeur : M. E. Martinenche.
Secrétaire général : M. Ronze.

But : Création et développement des rapports entre les milieux intellectuels français et ceux des différents pays de l'Amérique latine.

Fondation : 1908.

Activité : Comité de patronage pour accueillir étudiants de l'Amérique latine. Réductions sur prix de voyage pour adhérents du groupement. Bibliothèque (ouvrages et revues concernant l'Amérique latine). Réceptions des maîtres de l'Amérique latine de passage à Paris.

Publication : « Revue de l'Amérique Latine ».

Office scolaire du Royaume des Serbes, Croates et Slovènes
24, rue des Ecoles, Paris V

Directeur : M. Douchan Z. Milatchitch.

Définition : « Direction de l'enseignement supérieur de la Légation du Royaume S. C. S. à Paris. »

Fondation : 1916.

Organisation : Rattaché au Ministère de l'Instruction publique de Belgrade.

Ressources : Entretenu par l'Etat S. C. S.

Activité : Sa mission principale est de diriger les études des étudiants yougoslaves en France. Son objet est aussi de faire connaître en Yougoslavie les ressources universitaires et intellectuelles de tout ordre qu'offre la France. Il a la surveillance des boursiers yougoslaves des gouvernements yougoslave et français et il participe à l'attribution des bourses françaises aux étudiants yougoslaves. Le directeur de l'Office exerce les fonctions d'inspecteur de l'enseignement de tous les étudiants yougoslaves en France et en Belgique.

Russian Students Christian Movement Abroad
10, boulevard Montparnasse, Paris XV

Président : M. le professeur V. V. Zenkovsky.

But : Préserver les traditions et la culture russes et former des éducateurs pour la Russie future.
Fondation : 1923.
Administration : Comité composé d'étudiants russes et de professeurs membres des Comités de direction du même mouvement dans les différents pays d'Europe.
Ressources : Fonds fournis par le Y.M.C.A. et par la F.U.A.C.E. (cf. p. 15). Dons privés russes et français.
Activité : Pour étudiants, cours religieux, conférences éducatives, étude des langues. Pour jeunes gens et jeunes filles : Club, conférences, école du dimanche, camps. Académie philosophique russe. Subventions accordées aux étudiants russes qui doivent assister aux conférences internationales et nationales d'étudiants. Allocations permettant aux professeurs russes de visiter les centres universitaires et les groupes d'étudiants russes en Europe. Bourses pour les universités des Etats-Unis. Foyer pour 11 étudiants russes.

Club de la Société des Amis (Quakers)
12, rue Guy-de-la-Brosse, Paris

Présidente : Mrs. Ella Barlow.
Secrétaire : M. A. Lowry.

Fondation : 1920.
Organisation et Activité : (cf. Grande-Bretagne, p. 118).

Union des Associations des étudiants juifs en France
2, rue Lhomond, Paris V

Président : M. Hoffmann.
Secrétaire général : M. Mangiel.

Définition : Union non politique groupant des associations juives.

Fondation : 1927, à Nancy.

Organisations : Comité exécutif. 11 associations affiliées en France.

Ressources : Cotisations des associations affiliées ; dons.

Activité : Bureau de renseignements universitaires, (logement). Orientation des études. Organisation de bibliothèques ambulantes. Concentration et distribution des bourses d'études offertes par les Sociétés juives. Le Comité exécutif fait l'office de représentant des étudiants juifs auprès des personnalités juives en France et des autorités consulaires. Organisation de coopératives, sous le patronage de la Société des Amis des étudiants juifs, dans chaque ville. Rapports avec les établissements d'enseignement supérieur juifs du monde entier. Aide morale et éducative pour la population juive de la contrée (conférence aux Juifs de la ville, ouverture d'écoles pour les enfants). Echange de livres avec les bibliothèques des Sections provinciales. Collaboration avec les autres organisations universitaires françaises et étrangères. Création de sections littéraire, scientifique et professionnelle dans chaque association affiliée.

Publication : Bulletin annuel à l'usage des étudiants juifs.

GRANDE BRETAGNE ET IRLANDE

ANGLETERRE ET PAYS DE GALLES

DISPOSITIONS OFFICIELLES

Director of Colonial Scholars
4, Millbank, Westminster, Londres S. W. 1.

Directeur : M. P. H. Ezekiel, Esq., C. M. G.

Fondation : 1902.

Activité : Le Directeur des étudiants coloniaux pourvoit, sur demande, à l'admission des jeunes gens des colonies britanniques dans les institutions où ils doivent étudier ; il donne des conseils ; il fait des arrangements pour les vacances des étudiants ; sur la demande des parents ou des tuteurs, il assume la surveillance des étudiants ; il autorise le paiement des revenus et fait des avances en cas de besoin, notamment en cas de maladie ; il établit des rapports périodiques pour le Ministère des colonies ou pour le gouvernement du pays d'origine ; il prend des dispositions pour le retour des étudiants dans leur pays.

En 1927-28, le directeur s'est occupé de 71 étudiants ; parmi ceux-ci quelques-uns étaient de race blanche, d'autres de race noire, d'autres des métis, d'autres des Cingalais, Malais, Chinois. Des étudiants hindous viennent également de Ceylan, de Maurice et de l'Empire des Indes.

Un arrangement spécial fait avec le Gouvernement de Ceylan prévoit que le directeur paiera les pensions aux étudiants. Il aide également les étudiants à obtenir des postes dans les collèges, des engagements d'apprentissage et les conseille d'une manière générale. La formule de demande doit être envoyée au Ministère des colonies.

UNIVERSITÉS (1)

Université d'Oxford

Adviser of Colonial and Foreign Students
Indian Institute, Oxford

Conseiller : M. H. S. Williamson, Esq., M. A.

Activité : Le Conseiller des étudiants coloniaux et étrangers a pour fonction de correspondre avec les étudiants des colonies et dominions britanniques, ainsi qu'avec les étudiants étrangers (autres que les boursiers de la fondation Rhodes), désirant avoir des renseignements pour leur inscription à l'Université ; il les conseille et les aide à se faire admettre dans un collège.

Delegacy for Oriental Students
Indian Institute, Oxford

Secrétaire : M. H. S. Williamson, Esq., M. A.

Organisation : La Délégation pour les étudiants orientaux se compose du vice-chancelier de l'Université, des censeurs des collèges, du surveillant des étudiants non membres des collèges, de l'inspecteur des logements en ville et de quatre membres de la « Convocation » de l'Université.

Ressources : Tous les frais sont couverts par les paiements faits par ou pour les étudiants orientaux, ou par d'autres fonds ; aucune contribution ne provient du fonds général de l'Université.

Activité : Coopère avec les Comités consultatifs de l'Inde anglaise et d'ailleurs, et avec les corps administratifs des universités et collèges de l'Inde anglaise et d'ailleurs ; sur demande, sert de Comité consultatif pour les étudiants orientaux désirant étudier à l'Université ; aide les étudiants orientaux de l'Université d'Oxford et les inscrit sur un registre ; se charge, sur demande du directeur d'un collège ou du censeur des étudiants non membres d'un collège, de la surveillance de tout étudiant oriental.

---

(1) Pour les bourses, voir p. 132 et suiv.

ORGANISATIONS DIVERSES

American University Union in Europe, British Division
50, Russell Square, Londres W. C. 1

Directeur : M. Dixon R. Fox, Esq.
Secrétaire : Mrs. D. R. Dalton.

Fondation : en 1918, comme succursale du bureau de Paris (voir p. 88) ; est devenue, en 1920, le bureau central de la section britannique de l'Union. En 1923, le Conseil d'administration a été reconstitué comme Comité affilié à l' « American Council on Education » (Washington, D. C.), afin de renforcer les organisations américaines s'occupant des relations universitaires internationales ; en 1927, les bureaux de Paris et de Londres ont été reconnus officiellement comme faisant partie intégrante de l' « Institute of International Education » (2 West, 45th Street, New York City).

Organisation : Fonctionnaires nommés par l' « Institute of International Education ».

Ressources : Subvention provenant des fonds de l'Institute.

Activité : Donne des renseignements sur les universités et collèges américains aux autorités britanniques de l'instruction publique ; organise les échanges entre les professeurs américains et britanniques en collaboration avec le « Universities Bureau of the British Empire » (voir p. 119) ; organise le système de sélection des bénéficiaires britanniques de bourses aux Etats-Unis ; conseille les étudiants anglais qui vont étudier aux Etats-Unis ; facilite l'immigration, agit en qualité de représentant à Londres de plusieurs organisations américaines, comme les « College Entrance Examination Boards », etc. Le directeur-adjoint est secrétaire du Comité de sélection de la bourse Frances Riggs et du Comité d'attribution des bourses du « Commonwealth Fund ».

Anglo-Austrian Committe for the Interchange of Teachers and Students
29, Gordon Square, Londres W. C. 1.

Secrétaire : Miss M. A. Challen.

But : Centraliser les demandes d'échange de professeurs et d'étudiants.

Fondation : 1927, par le Dr. Krassnig.

Organisation : Des membres supplémentaires ont été adjoints au Comité ; ils y représentent les universités et presque toutes les associations universitaires et pédagogiques de Grande Bretagne. *Comité correspondant* : « Austro-Englisches Austausch-Komitee », Vienne (voir p. 38).

Ressources : Dons. Des fonds ont été envoyés d'Autriche pour la première année, parce qu'on avait prévu que les Autrichiens seraient les premiers à en bénéficier. Budget : £200.

Personnel : 1 secrétaire rétribué.

Activité : S'efforce de pourvoir au logement avec pension au pair des étudiants et des professeurs ; procure des facilités pour les études ; les relations sociales, la visite des villes, les travaux de recherche, facilite l'échange des étudiants et des professeurs, professeurs de musique, étudiants et docteurs en médecine, prend les arrangements pour que les étudiants assistent aux cours universitaires et organise des excursions pendant les vacances ; tient une liste détaillée de ceux qui veulent bénéficier de l'échange et des familles ou d'écoles qui peuvent les recevoir, s'efforce d'obtenir des réductions de tarifs des compagnies de transport ; en général, donne toutes sortes de conseils, d'ordre pratique et intellectuel. S'occupe de plus de 40 Autrichiens, dont la majorité reçoit de petites subventions du Gouvernement autrichien.

Anglo-Danish Students' Bureau
50, Russell Square, Londres W. C. 1.

Directeur : Le lecteur danois à University College, Londres.

Fondation : 1919.

Affiliation : « Dansk Studieoplysningskontor » (Bureau danois des renseignements universitaires) Studiestraede 6, Copenhague (voir p. 52).

Ressources : D'abord provenant de fondations privées, en 1921, le Gouvernement danois a voté une subvention annuelle de 4.500 couronnes danoises.

Personnel : 1 secrétaire.

Activité : Aide à tout Danois venant en Angleterre pour y faire des études, ainsi qu'à tout Anglais allant au Danemark. Renseignements universitaires et aide pour trouver des logements. Nombre moyen de demandes par an : 400 (dont 60 % danoises). Coopère avec les principales organisations des universités et des étudiants en Grande Bretagne.

Anglo-German Academic Board
16, Russell Square, Londres W. C. 1

Président : Sir Henry Miers.
Secrétaire : M. A. E. Twentyman.

Fondation : 1926.
Organisation : Comité de professeurs d'université anglais.
Activité : Echange d'étudiants et de jeunes universitaires avec l'Allemagne (organisation jumelle de l' « Akademischer Austauschdienst », voir ·p. 25). Nombre de boursiers en 1928, 10 environ.

Anglo-German Academic Bureau
51, Russell Square, Londres W. C. 1

Directeur : M. le professeur Dr. E. J. W. Brenner.

But : Développement des relations universitaires entre l'Angleterre et l'Allemagne.
Fondation : 1927.
Ressources : Subventionné par l' « Akademischer Austauschdienst » (voir p. 25) et la « Alexander von Humboldt-Stiftung », Berlin (voir p. 31).
Personnel : 2 secrétaires et une dactylographe en permanence.
Activité : Recueille les renseignements concernant les universités et écoles supérieures, l'enseignement pour adultes, les études complémentaires aux études universitaires, les cours de vacances, etc. ; conseille les étudiants, les renseigne sur l'enseignement en général, en Angleterre et en Allemagne ; s'occupe, chaque mois, d'environ 250 étudiants qui sont surtout des Allemands et des Anglais, mais qui appartiennent aussi à d'autres nationalités ; coopère avec l' « Akademischer Austauschdienst » en Allemagne et en Angleterre avec l' « Anglo-German Academic Board » (voir ci-dessus) pour l'échange des étudiants ; s'efforce de loger (généralement comme pensionnaire) les professeurs et étudiants qui se trouvent en Angleterre ; organise des visites aux écoles, aux établissements, aux œuvres sociales, aux manufactures, etc. Le bureau entretient des relations étendues, en Angleterre avec le département de l'Instruction publique du « London County Council », avec les principales universités anglaises, avec plusieurs collèges et écoles techniques, secondaires, privées et élémentaires, en Allemagne avec les ministères de l'Instruction publique, les universités et beaucoup d'institutions d'enseignement, secondaire et autres.

British Universities League of Nations Society (B. U. L. N. S.)
15, Grosvenor Crescent, Londres S. W. 1

Secrétaire (et directeur du bureau central) : M. C. W. Judd.

Fondation : En 1924, comme section britannique de la Fédération universitaire internationale pour la S. D. N. ; reconstituée en 1926 comme organisation entièrement autonome.

Organisation : Sections locales dans toutes les villes importantes de Grande Bretagne. Chaque section locale élit son propre Comité. L'Association est administrée par un Conseil composé de représentants de toutes les sections, et par un Comité exécutif composé de membres élus parmi les membres du Conseil.

Ressources : Cotisations des membres, souscriptions et quelques dons; la « League of Nations Union » prend à sa charge les appointements du personnel et les frais de bureau. Budget pour l'organisation centrale : environ £300 ; budget payé par la « League of Nations Union » : entre £600 et £700.

Personnel : Un secrétaire qui est de service toute la journée, un secrétaire-adjoint pour la demi-journée, un secrétaire-adjoint volontaire. Le personnel des sections est composé d'étudiants **non** rétribués.

Activité : Met à la disposition des étudiants de toutes nationalités, désireux d'étudier les affaires internationales, la bibliothèque de la « League of Nations Union » (4.000 livres, 2.000 brochures, 2.000 documents), ainsi que les services d'un bureau de renseignements. Pendant les mois de juillet, d'août et de septembre, entretient à Genève un foyer où sont reçus plus de 100 étudiants britanniques. Dispose d'un petit fonds sur lequel des allocations sont faites à des étudiants désignés par les différentes sections, pour les aider à suivre des cours de vacances à Genève. En collaboration avec la « League of Nations Union » et la « National Union of Students », s'occupe d'organiser des voyages pour des étudiants et des professeurs étrangers. De temps en temps, fait venir des étudiants et des professeurs éminents pour de courtes tournées de conférences dans les universités britanniques ; organise des conférences internationales d'étudiants en vue de la discussion des questions internationales. Entretient une correspondance régulière avec les sociétés analogues, dans presque tous les pays, ainsi qu'avec le Secrétariat et les autres institutions de la Société des Nations. Organise pour chaque université ou collège des conférences qui sont faites par des savants et des hommes d'État connus, sur des questions relatives au rapprochement des peuples.

Publications : « The New Ambassador » (un numéro par trimestre universitaire). Rapport annuel. De temps en temps, des brochures sur l'œuvre de l'Association.

Crosby Hall (British Federation of University Women)
Crosby Hall, Cheyne Walk, Londres S. W. 3

Définition : Foyer offrant des facilités de séjour aux femmes universitaires de tous les pays, qui font des travaux de recherche ou des études complémentaires à Londres, et cercle pour les membres de l'I. F. U. W. (voir p. 14), destiné à favoriser la bonne entente internationale et les relations intellectuelles entre femmes de différents pays.

Organisation : The Warden, Crosby Hall, s'occupe du cercle des facilités de logement.

Activité : Fournit le logement, la pension et les avantages du cercle à partir de £3.3.0 par semaine. Deux bourses de logement à Crosby Hall (valeur £50 chacune) offertes par la B.F.U.W., aux membres de l'I.F.U.W. Bourses spéciales de vacances offertes aux membres d'autres Fédérations nationales, généralement celles du continent. Le « Crosby Hall Round Table Hospitality Committee » aide les membres étrangers et s'efforce de leur fournir des relations sociales.

The English-Speaking Union of the British Empire
Dartmouth House, 37 Charles Street, Berkeley Square, Londres W.1

Président : The Earl of Balfour, K. G.
Président du Comité central : The Marquess of Reading, G. G. B.
Secrétaire honoraire : M. John Evelyn Wrench, C. M. G.
Secrétaire : M. Alfred E. Johns, Esq.

Fondation : 1918 ; a englobé l' « Atlantic Union » (fondée en 1897) et est actuellement une organisation mondiale avec deux agences principales : « English-Speaking Union of the British Empire » et « English-Speaking Union of U. S. A. ». Dartmouth House a été acheté en 1926.

Organisation : Administrée par un président et un Comité central. Membres : tous citoyens, hommes et femmes de l'Empire britannique et des États-Unis d'Amérique ; les candidats doivent être proposés par un membre.

Sections : En Grande-Bretagne : Chester, Edimbourg, Manchester, Norwich, Oxford, Southampton, Stratford-on-Avon ; aux Dominions britanniques: Australie : Adelaïde, Melbourne, Sydney ; Bahama : Nassau ; Bermudes : Hamilton ; Malte : La Valette ; Nouvelle Zélande : Christchurch, Wellington.

Ressources : Cotisations des membres (1 guinée) et dons.

Personnel : Un certain nombre de secrétaires rétribués.

Activité : Entre les mains de deux comités : le « Common Interests Committee » et l' « Education Committee ». L'Union a fourni, jusqu'en 1928, des introductions à 40 professeurs américains et des pays britanniques d'outre-mer, pour leur permettre d'étudier les méthodes d'enseignement dans les écoles et universités britanniques. Avec son concours, 6 professeurs ont été admis à consulter des manuscrits originaux ; hospitalité de diverses sortes offerte à 200 personnes, professeurs et étudiants américains et britanniques d'outre-mer ; l'Union admet comme membres honoraires pour un mois les professeurs britanniques d'outre-mer et les professeurs américains qui passent leurs congés en Angleterre. — Bourses : voir chapitre spécial, p. 132. — Le Comité mixte pour l'échange d'institutrices entre la Grande-Bretagne et l'Amérique (Joint Committee for the Interchange of School Teachers between Great Britain and America, secrétaire : Miss Frieda Close, B. A.), composé de représentants de l'E. S. U., de l'Association of Headmistresses, et de la British Federation of University Women, travaillant en collaboration avec des Comités aux États-Unis, organise des échanges d'institutrices. Celles-ci doivent être titulaires d'un poste dans une école en Grande Bretagne et revenir après une année d'enseignement aux Etats-Unis. Leur remplacement par une institutrice qualifiée des Etats-Unis est soumis à l'approbation de l'administration britannique. Les questions de traitement et d'avancement font l'objet d'une attention particulière, et l'échange n'entraîne aucune diminution de la retraite. L'E. S. U. s'occupe des visas. Les institutrices paient leurs frais de voyage. Les nominations sont faites pour l'année scolaire. S'adresser au secrétaire, Joint Committee for the Interchange of Secondary Teachers, c/o The English-Speaking Union. Ce système doit être maintenant étendu aux maîtres et aux directeurs des écoles primaires.

Publication : « The Landmark » (mensuel).

The Fellowship of the Maple Leaf
13, Victoria Street, Westminster, Londres S. W. 1

Définition : Organisation s'occupant de placer des instituteurs et des institutrices britanniques dans le Canada de l'Ouest.

Activité : S'intéresse surtout aux écoles primaires, mais place également des instituteurs et des professeurs dans les écoles privées, les écoles secondaires et les universités.

Incorporated Association of Assistant Masters
in Secondary Schools
29, Gordon Square, Londres W. C. 1

Secrétaire : M. G. D. Dunkerley, Esq.

Fondation : 1891. Enregistrée en 1901.

Organisation : Peuvent seuls être membres le personnel enseignant des écoles secondaires et des « Public Schools » ; comprend 80 % de tous les instituteurs de Grande-Bretagne. *Sections* : Irlande du Nord : Mr. J. Cowser, Royal Academical Institution, Belfast. Egypte : Mr. J. C. A. Borrows, Higher Training College, Le Caire. Iles anglo-normandes : Mr. E. C. Cooper, Victoria College, Jersey. L'Association est en relations avec le Bureau international des Fédérations du personnel de l'Enseignement secondaire public, le « World Federation of Education Associations », l' « Anglo-Austrian Committee » (voir p. 108), l' « English-Speaking Union » (voir p. 112) et le « League of Nations Union Education Committee ». Possède un Comité pour les relations internationales qui se réunit tous les mois. A des correspondants en Afrique du Sud, Allemagne, Autriche, Belgique, Chine, Danemark, Espagne, Etats-Unis d'Amérique, France, Hollande, Inde anglaise, Norvège, Suède, Pologne, Portugal, Roumanie, Russie.

Administration : Par un Comité exécutif de 50 membres, élus tous les ans. Ce comité met à exécution les vœux du Conseil (250 membres) qui se réunit une fois par an.

Ressources : Cotisations des membres (2 guinées par an).

Activité : Met les pédagogues étrangers en rapport avec le « London County Council », leur donne des facilités et les guide pour les visites d'écoles et de bibliothèques, facilite leurs travaux de recherche, etc. 100 demandes environ par an : 40 émanant d'Allemands, 25 d'Autrichiens, 15 de Français, les autres des pays britanniques d'outre-mer. Aides diverses aux nationaux, s'entremet pour arranger la visite des écoles, procure aussi des facilités pour de semblables visites à l'étranger. Echange avec la France, par l'intermédiaire du « Board of Education », d'un professeur de l'enseignement secondaire chaque année.

Publications : « The A. M. A. » (mensuel). Annuaire.

Institut français du Royaume-Uni
1-7, Cromwell Gardens, South Kensington, Londres S.W.11

Directeur : M. Denis Saurat, agrégé d'anglais, docteur ès lettres, professeur à l'Université de Londres, délégué des Universités de Paris et de Lille, dont l'Institut relève.

Définition : Institution destinée à faire connaître et apprécier la pensée française (langue, littérature, art, science, histoire et vie contemporaine).

Organisation : 4 sections : faculté des lettres ; conférences publiques ; école de filles ; écoles de garçons. Un professeur de l'Institut français dirige à Londres un bureau de correspondance de l'Office national des Universités et Ecoles françaises (cf. p. 70) ; ce bureau fournit des renseignements aux étudiants français et étrangers. *Activité* : Prépare ses élèves aux examens des deux pays ; est en rapports étroits avec les administrations scolaires du « London County Council) et de l'Université de Londres. Aide les étudiants désireux à compléter leur diplôme anglais par un diplôme français. Prépare des élèves français ou étrangers pour les examens des chambres de commerce. Organise des conférences par les professeurs de l'Institut et par des savants venus de France. S'entremet pour l'échange de professeurs ; a un service de renseignements concernant les cours de vacances. Fait jouer des pièces classiques et contemporaines ; cercle français.

The Inter-University Jewish Federation of Great Britain and Ireland

Président pour 1928 : Mr. Harris, LL. B. 1 Hare Court, Temple, Londres E. C. 4.
Secrétaire honoraire : Mr. Friedman, LL. B. 54 Hareshill Avenue, Leeds.

Définition : Association pour l'établissement de rapports étroits entre les étudiants juifs en Angleterre et les étudiants juifs en Europe et en Amérique.
Sections : Belfast, Birmingham, Cardiff, Cambridge, Dublin, Edimbourg, Glasgow, Leeds, Liverpool, Londres, Manchester, Oxford, Sheffield.
Administration : Par un Comité élu annuellement à l'Assemblée générale de toutes les sociétés membres de la Fédération ; les fonctionnaires sont exclusivement bénévoles.

Activité : S'entremet pour loger les étudiants israélites étrangers visitant l'Angleterre. A acquis le terrain pour la construction d'un foyer universitaire israélite à l'Université hébraïque de Jérusalem. Aide surtout sociale et politique aux étudiants israélites en Europe orientale.

Publication : « The Jewish Academy », 24, Emery Street, Cambridge.

The League of the Empire
124, Belgrave Road, Westminster, Londres S. W. 1.

Secrétaire honoraire : Mrs. Ord Marshall, C. B. E.

Définition : Association non-politique et non-sectaire pour favoriser la coopération entre les divers pays et colonies de l'Empire britannique, surtout en ce qui concerne l'instruction publique.

Fondation : 1901.

Sections : Dans presque toutes les parties de l'Empire.

Ressources : Souscriptions et dons.

Activité : Fonctionne comme agence du « Board of Education », du département de l'Instruction publique d'Ecosse, et des administrations de l'Instruction publique des pays d'outre-mer, en vue de l'échange d'instituteurs dans toutes les parties de l'Empire ; agit également pour le « London County Council » et de nombreuses administrations locales en Angleterre et en Ecosse. Plus de 1.000 instituteurs ont été échangés sur une base strictement numérique ; le pays d'origine continue de payer leur traitement aux intéressés pendant le stage à l'étranger, ce stage entrant de plus en ligne de compte pour le calcul des augmentations de traitement et pour celui de la retraite. Les instituteurs échangés doivent avoir cinq années d'expérience pratique dans l'enseignement et être âgés de 25 à 45 ans. L'échange est généralement limité aux instituteurs d'écoles primaires, pour la plupart enseignant dans l'Empire britannique, pendant une année ; toutefois, les échanges de professeurs avec la France et les Etats-Unis deviennent de plus en plus nombreux. La Ligue fait obtenir des postes temporaires en Angleterre (pour la plupart dans les écoles privées) aux professeurs de l'enseignement secondaire, et elle choisit les instituteurs anglais pour les postes d'outre-mer ; elle fournit des renseignements et des conseils aux professeurs de passage (envoyés par les administrations de l'Instruction publique des pays britanniques d'outre-mer) sur les études spéciales ou postuniversitaires ; elle donne des renseignements et des conseils aux professeurs du Royaume-Uni qui désirent aller enseigner dans les Dominions ; reçoit les professeurs venant des pays britanniques d'outre-mer et organise pour eux des conférences, leur obtient des facilités en vue de faire des études, des travaux de recherche, des enquêtes à l'étranger ; elle organise des congrès ; celui de 1926, qui s'est tenu à Paris, a été le premier qui se soit réuni en dehors de l'Empire britannique. Elle est en train d'établir un siège à Londres où pourront se loger les professeurs de toutes les parties de l'Empire britannique.

Publications : Divers manuels traitant de l'Empire britannique.

The National Union of Students of the Universities and University Colleges of England and Wales
3, Endsleigh Street, Londres W. C. 1

Secrétaire honoraire organisateur : M. I. S. Macadam.
Secrétaire : M. R. N. May.
Secrétaire pour les voyages et l'hospitalité : Miss M. C. Hermes.

Définition : Organisation corporative des étudiants du Royaume-Uni, comprenant les associations d'étudiants ou les conseils d'étudiants de l'Angleterre et du Pays de Galles. Membre de la C. I. E. (v. p. 11).

Fondation : 1922.

Administration : Par un Conseil composé de représentants de chacune des organisations qui font partie de l'Union, se réunissant tous les ans en octobre ; par le Comité exécutif se réunissant trois fois par an, et par le Comité permanent se réunissant selon les besoins, mais au moins deux fois par semestre.

Ressources : Cotisations des organisations affiliées, calculées d'après le nombre d'adhérents ; cotisations des membres associés, des membres individuels ; dons. Budget : £15.004.

Activité internationale : Le département des voyages aide les étudiants étrangers de différentes façons, leur obtient des visas, logements ou pensions, leur donne des recommandations, leur procure l'entrée aux bibliothèques, etc., ainsi que l'autorisation de visiter les usines, etc. Nationalité des étudiants aidés (en ordre décroissant) : Français, Allemands, Autrichiens, Suisses, Tchécoslovaques, Italiens, Polonais. Voyages d'études à l'étranger, organisation d'échanges et de visites. Renseignements généraux pour étudiants. Tous les ans, un groupe de six étudiants venant d'un pays étranger est invité à visiter l'Angleterre pendant six semaines environ. Echanges réguliers avec tous les pays ayant des Unions nationales, membres de la C. I. E. (voir p. 11), ou qui entretiennent des offices universitaires tels que l'Allemagne, le Danemark, les Etats-Unis, la France, etc.

Publications : « The University », revue trimestrielle (Londres) ; Brochures diverses (cf. C. I. E., p. 12).

The Society of Friends (Quakers)
(Société des Amis)
Friends' House, Euston Road, Londres N.W.1

But (international) : Etablir des liens avec les Dominions britanniques et la plupart des pays étrangers ; s'efforce, en collaboration étroite avec les nombreux centres qui se trouvent sur le continent européen, et par l'intermédiaire de son Conseil de service internationale de former un groupe d'hommes et de femmes bien informés, dans le domaine universitaire et dans le domaine spécial des études internationales.

Ressources : Cotisations, dons, legs.

Activité internationale : Organise des conférences, fréquemment faites par des conférenciers de réputation internationale ; renseigne et aide tous ceux qui s'adressent à elle, de quelque nationalité qu'ils soient ; organise à Friends'House des réunions où sont représentés presque tous les pays ; donne tous renseignements sur les centres d'études, les organisations et les personnes les plus susceptibles d'être utiles dans chaque cas déterminé ; entretient des rapports étroits avec les différentes organisations qui s'occupent d'échanges universitaires. Le Conseil offre, chaque trimestre, deux *bourses de séjour* à Woodbrooke Settlement (voir ci-dessous) pour des étudiants venant d'autres pays. Les bourses sont de £35, à la fois pour les conférences et pour les frais de séjour.

Foyer à Genève, logeant dix étudiants de toute nationalité et fournissant des renseignements sur les questions académiques. Adresse : Bertram Pickard, Chemin Krieg 5 *bis*, Genève. Cercles créés à : Berlin : Comprend un groupement polonais-allemand et un groupement franco-allemand, pour favoriser l'entente réciproque ; cours et réunions sociales. Adresse : Miss Bertha Bracey, Prinz-Louis-Ferdinandstrasse 5. — Francfort-sur-le-Mein : Cours, relations sociales en général, surtout dans le sens international. Adresse : Mr. Frank G. Bradbeer, Gärtnerweg 18. — Paris : voir p. 104. — Vienne : Plusieurs cercles, dont un en voie de création spécialement pour les étudiants. Adresse : Miss Christine Brown, Singerstrasse 16.

Woodbrooke Settlement pour former des " Amis ".

S'adresser à : The Warden, Woodbrooke Settlement, Selly Oak, Birmingham.

Ouvert en 1903.

Activité : Reçoit les hommes et les femmes de tous âges et de toutes nationalités ; 40 % environ viennent de l'étranger.

S'occupe des conditions économiques et politiques, sociales et internationales, ainsi que de l'application pratique des principes des Quakers ; organise des cours spéciaux pour l'étude des relations internationales et pour la formation des professeurs, étant reconnu comme centre d'instruction professionnelle par le « Teachers Training Syndicate of Cambridge University ». Cours de sociologie en collaboration avec l'Université de Birmingham, qui délivre un diplôme d'études sociales. Un poste de conférencier adjoint pour les cours sur les relations internationales et deux bourses d'études sont réservés aux étrangers. Collège : Carey Hall, séminaire d'entraînement pour les femmes.

Student Christian Movement of Great Britain and Ireland
Annandale, Golders Green, Londres N. W. 11

Secrétaire général : M. le Dr. Tissington Tatlow.
Secrétaire du Conseil international : Miss M. Read.

Fondation : en 1893, comme Union chrétienne inter-universitaire, pour favoriser la formation d'associations chrétiennes d'étudiants dans les universités de Grande-Bretagne et d'Irlande.
Organisation : Le Mouvement britannique est administré par un Comité composé d'étudiants élus par les membres, et de secrétaires (30 environ, pour la plupart des « secrétaires itinérants »). Comprend 200 Unions locales. Affilié à la Fédération universelle des Associations chrétiennes d'étudiants (cf. p. **15**).
Activité : Par l'intermédiaire de son département des relations internationales, le Mouvement britannique prête assistance à tous points de vue aux étudiants étrangers et favorise les voyages à l'étranger de ses membres : sous ses auspices, a été ouvert en 1917 le

Student Movement House
32, Russell Square, Londres W. C. 1

Club international dont les membres sont au nombre de 1.100 environ, et représentent **44** nations différentes ; organise des soirées de discussion sur les questions internationales.

Universities Bureau of the British Empire
50, Russell Square, Londres W. C. 1

Secrétaire : Dr. Alex Hill, M.A., M.D., F.R.G.S.

Définition : Association recueillant et distribuant des renseignements sur les universités pour toutes les parties de l'Empire

britannique ; distribue dans le monde universitaire les renseignements concernant les postes vacants, les facilités d'études, les travaux de recherches ; favorise les séjours à l'étranger des étudiants
et l'échange temporaire de professeurs et d'instituteurs.

Fondation : 1912, lors d'un Congrès des 53 universités de
l'Empire.

Administration : Par un Comité de 14 membres, dont 7 désignés par les universités britanniques d'outre-mer et 7 par les universités en Grande Bretagne.

Ressources : Au début, contributions annuelles des différentes
universités. Après la guerre, a obtenu la personnalité civile, ce qui
lui permet de recevoir des biens ; un capital de £5.000 lui a été
accordé par le gouvernement.

Personnel : Un secrétaire et deux secrétaires adjoints.

Activité : Elaboration de programmes systématiques d'études
postuniversitaires et de travaux de recherches (consacrés par le
diplôme Ph. D.) accessibles aux étudiants des universités britanniques d'outre-mer ou étrangères, aux mêmes conditions qu'à ceux
du Royaume-Uni. Organise des voyages à l'étranger pour délégations d'universités (sous les auspices du Gouvernement britannique),
ainsi que des congrès.

Publications : « Yearbook of the Universities of the Empire »,
Londres. Rapports sur les congrès et sur les conférences des universités de l'Empire britannique ; liste des étudiants étrangers aux
universités de Grande Bretagne et d'Irlande (annuelle).

University Catholic Societies' Federation of Great Britain
25 Alan Road, Withington, Manchester

Président : Rev. C. C. Martindale, S. J., M. A., 114 Mount Street,
    Londres W. 1.
Secrétaire : M. Hugh O'Neill.

Fondation : 1919 (date de la ratification de la constitution).

Organisation : La Fédération est administrée par un Conseil
composé d'un délégué de chaque association affiliée. Un Comité
exécutif est élu parmi les membres du Conseil. La Fédération comprend 18 sections en Grande Bretagne et Irlande, et 100 cercles
au Canada et aux Etats-Unis.

Ressources : Dons et cotisation de 3 d. par an et par
membre, provenant de chacune des sociétés participantes.

Activité internationale : Offre des facilités pour les études et les
recherches. En 1927, a organisé une tournée de conférences en Grande
Bretagne pour deux universitaires hongrois. Ils ont visité 11 universi-

tés aux frais de l'U. C. S. F. Accueille les visiteurs qui viennent des universités étrangères. Echange général de renseignements avec Pax Romana (voir p. 20) et également avec différentes organisations nationales d'étudiants catholiques, surtout avec celles de Pologne, d'Italie, de Belgique, d'Autriche et de Hongrie.

Publications : « University Catholic Review » (paraît trois fois par an). « Handbook for Catholic Students ».

Victoria League
Victoria League House, 81 Cromwell Road, Londres S. W. 7

Secrétaire : Miss Spender, 8 Forester Road, Bath.

Fondation : 1901.

Organisation : La Ligue est administrée par un Comité central exécutif ; elle comprend 13 sections en Grande Bretagne et 19 en Australie, au Canada, aux Antilles britanniques et en Afrique du Sud.

Ressources : Cotisations volontaires.

Personnel : Habituellement 7 membres rétribués, 16 à 20 non rétribués.

Activité : Un Comité spécial, sur la demande des gouvernements locaux, aide les étudiants provenant de Malaisie à obtenir les facilités académiques nécessaires ; une aide individuelle de même nature est donnée aux étudiants venant d'autres parties de l'Empire britannique ; organise l'accueil aux étrangers et les voyages. Donne tous renseignements sur les questions concernant l'Empire.

Publications : Rapport annuel et Notes mensuelles.

National Council of Young Men's Christian Associations, Inc.
Great Russell Street, Londres W. C. 1

Secrétaire : Sir Arthur K. Yapp.
Service pour l'étranger : T. R. Ponsford, M. A., LL. B., The Hostel, 37-39, Guilford Street, Londres W. C. 1.

Sections : Dans toutes les parties du monde. Le Conseil groupe environ 400 Associations en Angleterre, Irlande, et Pays de Galles ; 226 en Ecosse, et diverses auxiliaires. Foyers à Londres, Manchester, Bradford, Birmingham et la plupart des grandes villes ; Indian Student Union and Hostel, 112 Gower Street, Londres.

Activité internationale : Le foyer, situé à 37-39, Guilford Street, loge pendant toute l'année 50 étudiants de toutes nationalités.

Le service des voyages organise des voyages pour les étudiants étrangers en Angleterre et ailleurs. Le « Foreign and Overseas Committee » procure de nombreux logements. Quelques écoliers d'autres pays sont invités chaque année en Angleterre, généralement sur une base de réciprocité, l'hospitalité leur étant offerte par un « Boys' Committee » dans les camps de vacances.

Young Women's Christian Association
17, Clifford Street, Bond Street, Londres W. 1.

Secrétaire générale : Miss Cox.

Fondation : 1885, avec un but purement spirituel ; a commencé le travail pratique en 1877.
Sections : Dans toute l'Angleterre.
Activité internationale: A établi des pensions et des foyers de vacances, des cercles et restaurants, où les étudiants étrangers, venant des Indes anglaises, de Chine, de Ceylan et de divers pays européens sont également reçus ; organise des cours, conférences, etc.

ÉCOSSE

DISPOSITIONS OFFICIELLES

The Scottish Education Department
Whitehall, Londres S. W. 1

Secrétaire permanent : Sir George Macdonald K.C.B., LL.D., D. Litt.

Définition : Travaille en collaboration avec l' « English Board of Education », non seulement pour obtenir des postes pour les professeurs écossais dans les Dominions britanniques et à l'étranger, mais aussi pour faciliter la visite des institutions écossaises par les professeurs étrangers.

Succursale : 14, Queen Street, Edimbourg.

Activité : Relations et échanges avec les Dominions britanniques (voir p. 116) et avec la France. Pendant l'année scolaire 1926-27, 38 instituteurs écossais (16 hommes, 22 femmes) ont été en France et 26 instituteurs français (13 hommes et 13 femmes) sont allés en Ecosse, en vertu d'un accord avec le ministère français de l'Instruction publique (Musée pédagogique), Paris. La pension gratuite est accordée, avec une allocation minimum de £100 par session, celle-ci pouvant être augmentée suivant les circonstances et les aptitudes. Un échange régulier de renseignements est entretenu avec la Bibliothèque de la statistique générale de la France, ministère du Travail, 97, quai d'Orsay, Paris.

National Committee for the Training of Teachers
8, Charlotte Square, Edimbourg

Directeur : M. J. R. Peddie.

Fondation : 1920.

Organisation : Dirigé par un Comité élu par les autorités locales.

Ressources : Dons provenant des autorités locales écossaises de l'Instruction publique.

Activité : Echange de personnel enseignant avec le Canada et les Etats-Unis, par l'allocation de bourses d'études pédagogiques. Nomination des candidats écossais, par le Comité central exécutif, sur recommandation des Comités provinciaux ; des candidats américains et canadiens, par leurs universités respectives. Conditions à remplir : Les candidats écossais doivent être des professeurs en possession d'un « Honours degree » (M. A. ou B. Sc.) et s'être distingués dans la théorie, l'histoire et la pratique de l'enseignement. Il sera tenu compte du baccalauréat pédagogique (B. Ed.) ou des études faites en vue de l'obtention de ce diplôme. Les candidats américains et canadiens doivent avoir une formation pédagogique, avec « Honours degree » ou diplôme équivalent et désirer suivre des cours se rapportant principalement à la théorie et à la pratique de l'enseignement. Montant de ces bourses : £250, plus £50 pour les frais de voyage, par an, payables par le Comité national. Les étudiants de l'École normale (Teacher's College) de l'Université Columbia, New-York, doivent payer sur cette somme les frais de scolarité, se montant approximativement à \$300. Durée : En principe un an, renouvelable dans des cas particuliers et après avis favorable.

Publications : « Conditions under which Student Teacherships are to be held » (Conditions d'obtention des bourses d'études pédagogiques). Rapport annuel (avec statistiques) du Comité central exécutif. Prospectus de renseignements généraux et conditions d'admission et cours normaux pour professeurs et instituteurs de différents degrés de collèges et écoles. Envoi gratuit.

UNIVERSITÉS (1)

Université d'Edimbourg
The Secretary, The University, South Bridge Street, Edimbourg.

Activité internationale : Le bureau des inscriptions donne tous renseignements aux étudiants étrangers concernant les facilités d'études. Le conseiller universitaire des étudiants indiens s'occupe des demandes des étudiants indiens et birmaniens et les aide à trouver des chambres. Les étudiantes doivent s'adresser au conseiller des études de leur Faculté. Des arrangements sont pris avec les universités françaises, allemandes et espagnoles pour assurer, chaque année, la réception par celles-ci de 10 à 20 étudiants de

---

(1) Pour les bourses, voir chapitre spécial, p. 132 et suiv.

français, 3 étudiants d'allemand, et 2 étudiants d'espagnol, tous diplômés avec « Honours ». Subsides de £10-£15 pour permettre aux étudiants sans ressources de se rendre à l'étranger. 15 étudiants sont ainsi aidés chaque année.

Université de Glasgow
The Secretary, The University Office, The University, Glasgow.

Pour le conseiller des étudiants indiens : Dr. R. M. Brown, The University, Glasgow. Pour les autres étudiants étrangers : Dr. Thompson, Adviser to Foreign Students, The University, Glasgow.

Activité internationale : Renseigne les étudiants étrangers. En collaboration avec l' « Indian Union », des renseignements sont donnés aux étudiants indiens sur les conditions de logement. Les étudiants ayant un « Honours degree » pour le français et l'allemand, doivent passer un an à une université étrangère. Environ 18 à 20 étudiants de français, d'allemand et d'italien se rendent chaque année à l'étranger. Leur professeur fait les arrangements nécessaires en vue de leur introduction auprès des professeurs à l'université étrangère. L'Université a son propre correspondant dans presque toutes les universités étrangères ; il assiste de toutes les manières possibles les étudiants de Glasgow en séjour à l'étranger. Un échange de professeurs de chimie a été arrangé pour une année scolaire avec l'Université de Nouvelle-Zélande et un échange semblable avec l'Université Columbia, New York. Les professeurs étrangers ont accepté le traitement et les conditions de l'Université visitée.

ORGANISATIONS DIVERSES

The Aberdeen Association of the British Federation of University Women
84, Hamilton Place, Aberdeen.

Définition : Association affiliée à l'I. F. U. W. (voir p. 14).
Fondation : 1924.
Ressources : Droit d'inscription, £1. Cotisation annuelle, 5 s. Souscription de membre à vie : £7.7.0.

Activité : Aide annuellement une dizaine d'étudiantes étrangères pour leurs études, etc. Soirées récréatives, lectures et discussions sur la politique internationale.

The Edinburgh Association of the British Federation of University Women
The President, Carlisle Hostel, East Suffolk Road, Edimbourg.

Présidente : Miss I. Ross.

Définition : Association affiliée à l'I. F. U. W. (voir p. 14).
Fondation : 1924.
Ressources : Proviennent de souscriptions.
Activité : Aide annuellement 2 ou 3 étudiantes étrangères ; transmet leurs demandes à l'Université. Aide chaque année 1 ou 2 étudiantes écossaises se rendant aux Etats-Unis, en leur donnant des lettres d'introduction.

The Edinburgh International Club
J. de Gruchy Gaudin, M. A., 3, West Castle Road, Edimbourg

Ressources: Proviennent de cotisations: 2 s. 6 d. pour les étudiants et membres d'outre-mer, 5 s. pour les autres membres. Budget : environ £100.
Organisation : Administré par un Comité.
Activité : Entretient des relations amicales avec les visiteurs et les étudiants étrangers. A une liste d'adresses de logements recommandés. Activité non limitée aux étudiants.

The Edinburgh Student Representative Council International Academic Committee
The Secretary, The S. R. C. Office, The University.

Fondation : 1908. Un Comité semblable a été créé dans toutes les autres universités écossaises en 1922.
Organisation : Administré par un sous-comité du S. R. C.
Activité : Reçoit, par l'intermédiaire des conseils universitaires écossais, existant dans les universités étrangères, des renseignements concernant les étudiants étrangers qui se rendent dans une université écossaise. Tient à la disposition des étudiants étrangers une liste de chambres et logements à Edimbourg.

The Edinburgh University Egyptian Society
The S. R. C. Office, The University

Fondation : 1916.
Ressources : Souscriptions des membres et dons.
Activité : Répond à 10-15 demandes par an provenant d'étudiants étrangers. Encourage à la vie intellectuelle par des réunions, des lectures, etc. Procure des chambres.

The Edinburgh University South African Students' Union
14, Buccleugh Place, Edimbourg

Président : M. V. Schoeman.

Fondation : 1894.
Organisation : Administrée par un Comité élu par les membres, lesquels doivent être des Sud-Africains de race blanche, ou des étudiants écossais qui s'intéressent à l'Afrique du Sud.
Ressources : Proviennent du fonds de dotation, de cotisations ; bénéfices réalisés sur les repas, la salle de billard, etc.
Activité : Donne divers renseignements universitaires aux étudiants étrangers (environ 10-20 demandes par an). Procure des logements, donne des lettres d'introduction. Diverses autres formes d'assistance dans les relations sociales.

The Edinburgh University Student International Council
The Secretary, The Student International
Council, The University Union, Edimbourg

Organisation : Autrefois filiale de l' « Edinburgh International Club ». Est en voie de devenir une Association autonome d'étudiants (le club n'est pas réservé aux étudiants).
Ressources : Proviennent des cotisations des membres, 2 s. 6 d. par an. Budget : £6-£7 par an. Chaque pays étranger élit 2 membres. L'Ecosse en élit 30.
Activité : Aide les étudiants étrangers demeurant à Edimbourg relativement à diverses demandes de renseignements universitaires ; encourage et favorise leur vie intellectuelle, organise des cercles d'étude, etc.

The Glasgow Association of the British Federation of University Women
The President, Queen Margaret College, Glasgow

Présidente : Miss F. H. Melville, M.A., B.D.

Définition : Filiale de la I. F. U. W. (cf. p. 14).
Fondation : 1901, comme Association of Glasgow Women Graduates. En 1921 est devenu membre de la B. F. U. W.
Organisation : Administrée par un Comité exécutif, avec une présidente et une secrétaire.
Activité : Aide environ 15 étudiantes étrangères qui sont mises en rapports avec les organes universitaires habituels.

Les Œuvres françaises d'Ecosse
15, Queen Street, Edimbourg

Secrétaire : Miss M. A. Brown.

Fondation : 1916, comme entreprise commerciale.
Organisation : A comme filiale, le club des étudiants français, dit « Association du Cercle Molière ». Administré par un petit Comité.
Ressources : Proviennent de souscriptions, dons et bénéfices réalisés sur des représentations de pièces françaises par les étudiants. Budget annuel : £125 environ.
Personnel : 1 bibliothécaire bénévole, 1 concierge rétribué.
Activité : Organise des conférences en français (1 par mois). Bibliothèque de 800 volumes. Répond à diverses demandes de renseignements universitaires émanant d'étudiants étrangers. Procure des chambres à l'étranger pour les étudiants écossais. Les étudiants étrangers ont accès aux salles du club. Echange de renseignements avec l'administration écossaise de l'Instruction publique (voir p. 123) qui lui renvoie les étudiants français à leur arrivée.

The Student Christian Movement, Scottish Branch
R. C. Mackie, Esq., 115 Hanover Street, Edimbourg

Définition : Filiale du Student Christian Movement (voir p. 119).
Fondation : 1895.

Organisation : Administré par le siège principal du « S. C. M. ».

Ressources : Revenus et dépenses passent par le siège principal du S. C. M.

Personnel : 3 secrétaires rétribués.

Activité : Procure l'hospitalité pour les étudiants au moyen de présentations personnelles en Ecosse. 6 visiteurs par an. Echange de renseignements avec l'Entr'aide universitaire (cf. p. 12) Genève.

The Students' International Club
11, University Gardens, Glasgow

Directeur : M. J. S. Aiman.

Fondation : 1925.

Organisation : Comité exécutif composé de représentants de la Y. M. C. A., du S. C. M. et du Sénat universitaire, comprenant 11 nationalités ; 2 administrateurs, « fellows » de l'Université.

Ressources : Souscriptions et revenus du buffet, etc.

Personnel : 1 directeur, 1 concierge. Aide fournie bénévolement par les étudiants.

Activité : Fournit aux étudiants étrangers les formules de demandes d'admission aux différentes facultés. Répond aux demandes provenant de l'étranger ou les transmet aux services compétents de l'Université. Reçoit environ 50 demandes par an, émanant surtout d'Indiens et de Chinois et relatives aux études en médecine et d'ingénieur. Donne des lettres d'introduction pour la visite d'usines. Procure des chambres. Echange de renseignements avec les Unions chrétiennes de jeunes gens du monde entier. Organise une fois par an la conférence « Orient et Occident » ; celle-ci comprend environ 30 étudiants écossais et 30 étudiants étrangers ; elle est présidée par le directeur de l'International Club et traite des devoirs des étudiants écossais et étrangers comme citoyens.

The Student Representative Councils of Scotland

Aberdeen : The S. R. C., The President, The University.

Edimbourg : The S. R. C., The President, The University.

Glasgow : The S. R. C., M. T. Anderson, International Secretary, the University.

St. Andrews : The President, The University.

Fondation : 1922. Membre de la C. I. E. (v. p. 11).

Ressources : Fournies par les étudiants.

Personnel : On se propose de nommer un secrétaire rétribué au mois de janvier 1929.

Activité : Des Consuls Universitaires, membres résidents du personnel aux universités étrangères, remplissent les fonctions de doyen pour les étudiants écossais en visite. Tient une liste de chambres et appartements et rend différents services. Echange de renseignements avec le Siège central de la C. I. E. (voir p. 11), à Bruxelles, et avec les Consuls Universitaires.

Publications : « Handbook on Foreign Study», édité par la Darien Press, Edimbourg.

The Y. M. C. A. Indian Students' Hostel
4 and 5, Grosvenor Crescent, Edimbourg

Directeur : M. Armstrong.

Fondation : 1914, comme Foyer pour officiers. Transformé en 1919 en Foyer pour les étudiants indiens.

Ressources : Budget annuel environ £4.000, y compris un déficit d'environ £2.500 comblé par le Conseil national écossais des Y. M. C. A.

Personnel : Un directeur, un secrétaire honoraire, un employé de bureau, une gouvernante, neuf domestiques.

Activité : Le Dr. Mackenzie (The King's Buildings) répond aux demandes de renseignements universitaires. 50-60 demandes diverses reçues annuellement des Indes. Conférences faites par des professeurs de l'Université. Lettres d'introduction (environ 20 par an) données aux membres pour les secrétaires du Y. M. C. A. à l'étranger. Loge 36 étudiants et fournit tous les repas. Aide donnée aux étudiants pour trouver des chambres et pour l'hospitalité privée. Echange de renseignements avec le Conseil national indien des Y. M. C. A., 5, Russell Street, Calcutta, Inde.

IRLANDE

UNIVERSITÉS (1)

Université de Dublin, Trinity College

Activité internationale : Nomme un Comité qui collabore dans le choix des boursiers du Laura Spelman Rockefeller Memorial (voir p. 20) et du Commonwealth Fund.

Un élève de l'Ecole normale supérieure de Paris est reçu tous les ans comme invité de Trinity College pour une période d'une année ; en échange, un ou plusieurs étudiants sont reçus à la dite école ou à une des universités françaises.

ORGANISATIONS DIVERSES

The Irish Federation of University Women

Présidente : Miss H. M. White, Alexandra College, Dublin.

Affiliée à l'International Federation of University Women.

The Dublin Overseas Fellowship

Secrétaire : Miss S. Trench, Balnagowan, Palmerston Park, Dublin.

Définition : Association destinée à fournir à tous les étudiants étrangers habitant Dublin des occasions d'entrer en relations avec les personnes en rapport avec les universités et qui leur offrent l'hospitalité et des facilités pour l'échange d'opinions.

Fondation : 1926. Collaboration étroite avec l'Université de Dublin.

---

(1) Pour les bourses, voir p. 132 et suiv

BOURSES (1)

Bourses accessibles aux sujets britanniques pour études à l'étranger

Université d'Aberdeen

Bourse de voyage Anderson pour diplômés en médecine : Environ £200 par an.

Bourse Kilgour (£250) : Bourse de voyage pour diplômés en sciences naturelles ou histoire naturelle.

Bourse Robbie (£100 par an) : Bourse de voyage pour mathématiques, philosophie naturelle et chimie.

University College of Wales, Aberystwyth

Bourses de voyage pour la visite des institutions continentales. *Montant* : £20 à £130. Total £500.

The Queen's University, Belfast

Bourse Mackay Wilson pour voyages d'études médicales : fondée par Robert Mackay Wilson. *Conditions* : Pour étudiants en médecine de l'Université qui ont achevé leurs études et désirent passer une année à une école de médecine ou établissement médical à l'étranger. *Durée* : Un an. *Montant* : £100. Renseignements : Conseil académique, Bureaux de l'Université.

Université de Birmingham

Bourse de voyage Walter Myers : *But* : Recherches en médecine pathologique ou clinique. *Conditions* : Pour diplômés en médecine et chirurgie de l'Université de Birmingham. *Montant* : £150 pour un an, renouvelable.

---

(1) N'ont été comprises dans ce chapitre que les bourses pour voyages à l'étranger et les bourses destinées, ou expressément accessibles, aux étrangers. Dans cette enquête, les Dominions britanniques ont été considérées comme des pays étrangers.

Université de Bristol

Prêts pour venir en aide aux étudiants se rendant dans des universités à l'étranger. *Conditions* : Remboursables en quatre annuités égales, à partir de l'année qui suit celle de l'obtention du diplôme. *Montant* : Jusqu'à £30 par étudiant. Somme totale disponible par an : £150. L'Université fournit également un professeur privé pendant leur séjour à Paris aux étudiants qui ont obtenu leur diplôme de langue française avec « Honours ».

Université de Cambridge

Bourse Jean Pierre Lazar - Corpus Christi : *Conditions* : Le boursier doit passer au moins trois mois en France. *Montant* : £100 par an ; décernée annuellement (portée à £200 tous les trois ou quatre ans).

Fonds Worts : *But* : Enquête à l'étranger sur la religion, les lois, les découvertes géographiques ou recherches sur l'antiquité.

Université nationale d'Irlande, Dublin

Bourses de voyages : *Conditions* : Bourses de voyage, réservées aux diplômés de l'Université nationale d'Irlande. *Lieux d'exercice* : Universités de l'Europe continentale, de l'Angleterre et des Etats-Unis. *Montant* : £200 pour deux ans. *Renseignements* : « Registrar », National University of Ireland, 49 Merrion Square, Dublin.

Université de Dublin, Trinity College

Prix Madden : *But* : Bourse de voyage. *Conditions* : Attribuée aux candidats qui ont échoué à leurs examens d'agrégation. *Montant* : £424 par an.

Bourse de voyage pour études médicales ou chirurgicales à l'étranger. *Montant* : £100, par an, décerné alternativement à des étudiants en médecine et en chirurgie. *Lieu d'exercice* : Séjour de trois mois à Berlin, Paris ou Vienne. *Renseignements* : The Board, Trinity College, Dublin.

Prix John Winthrop Hackett : *But :* Recherches qui peuvent être faites aux universités étrangères. *Conditions :* Accordé aux diplômés qui se sont distingués dans leurs études. *Valeur :* £100, décerné annuellement. *Renseignements :* The Board, Trinity College.

Autres prix (de £50 et plus) sont décernés annuellement à des diplômés qui se sont distingués dans leurs études, pour recherches pouvant être faites dans les universités étrangères.

Université d'Edimbourg

Dotation Dickson : *But :* Voyages d'études ou de recherches. *Conditions :* Accordé aux membres de l'Université depuis moins de trois ans. *Montant :* £90 par an.

Prix Dundas pour études latines : £45 par an.

Bourse Drummond de mathématiques : £135 par an pour trois ans.

Bourse Maclaren de mathématiques : £170 par an pour trois ans.

Bourse Scott pour diplômés en art : £70 par an.

Bourses M'Cosh pour diplômés en médecine : £300 par an.

Université de Glasgow

Bourse Bryce de mathématiques : *But :* Voyages d'études ou de recherches. *Montant :* £280 par an pour une durée de 4 ans.

Bourse Faulds (pour toutes les Facultés) : *But :* Voyages d'études ou de recherches. *Montant :* £200.

Bourse J. R. K. Law : *But :* Etude des sciences naturelles appliquées. *Lieu d'exercice :* A une université d'outre-mer ou une institution scientifique du Canada, des Etats-Unis ou de France.

Université de Londres

Deux bourses de voyage universitaires de £275 chacune, offertes aux gradués internes ou externes de toutes les Facultés.

Quatre bourses de voyage Sir Ernest Cassel de £200 à £300 chacune, offertes aux étudiants britanniques pour étudier le commerce à l'étranger.

Université d'Oxford

Lady Margaret Hall, Bourse Suzette Taylor : pour études indépendantes à l'étranger. *Montant* : £150 par an ; durée une année. *Renseignements* : The Registrar, Lady Margaret Hall, Oxford.

Université de St. Andrews

Bourse Guthrie : *But* : Tous les 2 ans pour études classiques ; tous les 3 ans pour les mathématiques. *Conditions* : Pour étudiants possédant depuis plus de 2 ans le diplôme de « M. A. » ou de « B. Sc. », âgés de 23 ans au plus. *Lieu d'exercice* : A une université étrangère, seulement par autorisation spéciale. *Montant* : £135 par an ; durée 4 ans. *Renseignements* : The Secretary, University Office, The University, St Andrews.

Bourse Ramsay pour les arts et les lettres : *Conditions* : Réservée aux hommes. *Montant* : £150 par an pour deux ans. *Renseignements* : Comme ci-dessus.

Bourse Bruce pour les arts et les lettres, réservée aux hommes. *Montant* : £150 par an pour 2 ans. *Renseignements* : Comme ci-dessus.

Bourse Berry pour les arts et les lettres : Pour hommes et femmes. Toute université étrangère peut être visitée. *Montant* : £160 par an pour 2 ans. *Renseignements* : Comme ci-dessus.

Université de Sheffield

Bourse de voyage Herbert Hughes : Accordée aux universitaires diplômés en espagnol ; £25 chacun pour un mois d'études en Espagne pendant les grandes vacances.

Bourse de l'American University Women's Club, Paris : 350 francs français par mois pour une période de neuf mois d'études avancées, à Paris. Renseignements : The Secretary, B. F. U. W., Crosby Hall, Cheyne Walk, Londres, S. W. (voir p. 112).

Bourses Robert Blair pour les sciences appliquées et la technologie : *But* : Travaux de recherche dans les Dominions britanniques, les Etats-Unis ou autres pays étrangers. *Montant* : Deux bourses annuelles de £450 chacune. *Administration* : Par le « Board of Education ». S'adresser à The Education Officer, County Hall, Londres S. E. 1, avant le 30 juin.

Bourses de la Chambre de Commerce de Bradford pour l'étude des langues étrangères. *But* : Subsides à des étudiants britanniques pour séjour à l'étranger en vue de développer les relations commerciales avec ces pays. Préférence accordée aux étudiants des langues espagnole et russe. *Renseignements* : S'adresser au secrétaire de la Chambre de commerce, Bradford.

British Federation of University Women : Prix Ellen Richards pour travaux de recherche. *Conditions* : Décerné à l'auteur de la meilleure thèse, écrite en anglais, sur un sujet scientifique ; réservé aux femmes. *Montant* : $2.000. *Demandes à adresser à* : The Secretary, British Federation of University Women, Crosby Hall, Cheyne Walk, Londres S. W. (voir Crosby Hall, p. 112).

British Federation of University Women : Bourse « Rose Sidgwick Memorial ». *Conditions* : Pour femmes de nationalité britannique, âgées de 25 à 35 ans. *Lieu d'exercice* : A une université ou un collège agréé aux Etats-Unis. *Montant* : $1.900, environ. *Renseignements* : The Secretary, British Federation of University Women, Crosby Hall, Cheyne Walk, Londres S. W. 3. (voir p. 112).

Bourse d'études à l'École britannique d'Athènes : *Conditions* : Pour une année, dont trois mois doivent être passés en Grèce à des travaux de recherche. A la disposition des Universités d'Oxford et de Cambridge, alternativement. *Montant* : £100. *Renseignements* : The Secretary, 450, Bedford Square, Londres W. C. 1.

« Central Co-operative Board » et Parti travailliste : Donation Sir Arthur Acland : 4 bourses de voyage, 2 pour hommes, 2 pour femmes, âgés de 20 à 30 ans. *Conditions* : Les boursiers sont élus par le Comité exécutif du Parti travailliste et par le Central Co-operative Board. *Capital de la dotation* : $50.000. *Renseignements* : M. R. A. Palmer, The Co-operative Union, Holyoaks House, Manchester.

Bourse Mayor and Coulson : L' « Institution of Mining Engineers » (Institut des Ingénieurs des Mines), 5 Adelphi Terrace, Londres W. C. 2, décerne une bourse d'études de £300.

Gilchrist Educational Trust, Bourses d'études à l'École britannique de Rome : Pour hommes ou femmes. *Montant* : £75 pour une année. S'adresser à : The Secretary of the School, 19, Bloomsbury Square, Londres W. C. 1, avant le 31 juillet.

The English-Speaking Union of the British Empire, Bourse de voyage Walter Hines : *But* : Permettre aux institutrices de nationalité britannique de visiter les Etats-Unis pendant les grandes vacances. Encourager les écoles élémentaires et secondaires de Grande-Bretagne à s'intéresser aux Etats-Unis d'Amérique. *Conditions* : Accessible aux candidates membres d'une Association d'institutrices ou d'une Association affiliée à la « English-Speaking Union ». Décernée annuellement. *Montant* : £50 et hospitalisation gratuite aux Etats-Unis, ainsi que diverses facilités pour les études (autres frais, évalués à £50, à supporter par la boursière). *Renseignements* : M. Alfred E. Johns, secrétaire, The English-Speaking Union of the British Empire, Dartmouth House, 37, Charles Street, Berkeley Square, Londres W. 1.

Bourses de voyage Albert Kahn : *Conditions* : Pour sujets britanniques, hommes ou femmes, diplômés d'une université du Royaume-Uni. *Montant* : £660, porté provisoirement à £1.000. S'adresser à : Secretary to Trustees, The Albert Kahn Travelling Fellowships, University of London, South Kensington, Londres (avant le 31 mai).

Bourses Kitchener : *Conditions* : Pour fils d'officiers et de soldats des armées britanniques, âgés de 17 ans. Bourses décernées annuellement, au mois de janvier. *Montant* : £200 par an, plus frais de scolarité, pendant 6 ans. Frais de voyage dans le cas d'études à l'étranger. *Renseignements* : The Secretary, Lord Kitchener National Memorial Fund, 34 Norfolk Street, Strand, Londres W. C. 2.

Bourse de vacances de la Ville de Londres : *But* : Permettre à un professeur de Grande-Bretagne ou d'Irlande de se livrer à une enquête sur l'enseignement en Amérique. *Montant* : £300. *Renseignements* : The Secretary, City of London Vacation Course, Montague House, Russell Square, Londres W. C. 1.

Bourses de langues étrangères de la Chambre de Commerce de Londres, Dotation Ch. E. Bell : *But* : Etude d'une langue dans un pays d'Europe pendant 6 mois. *Conditions* : Pour des sujets britanniques, hommes, âgés de moins de 23 ans. *Montant* : 2 bourses, à £150 (1927 et 1928). *Renseignements* : Commercial Education Department of the London Chamber of Commerce, Oxford Court, Cannon Street, Londres E. C. 4.

College of Estate Management, Londres : Décerne une bourse de voyage annuelle pour étude des méthodes agricoles en Europe. *Conditions* : Pour des diplômés d'origine britannique. *Montant* : £300.

Manchester Municipal College of Technology, Bourses de recherches : *Conditions* : Décernées aux diplômés de l'Empire britannique ou toute autre personne spécialement qualifiée. *Montant* : £100.

Commission Royale pour l'exposition de 1851, Londres : Bourses pour étudiants avancés. *But* : Recherches scientifiques. *Conditions* : Pour des sujets britanniques de moins de 30 ans. *Lieu d'exercice* : Angleterre ou étranger. *Montant* : £400 par an. S'adresser, avant le 1er mai, à : The Secretary to Commissioners, Exhibition 1851, 1 Lowther Gardens, Exhibition Road, Londres S. W.

Laura Spelman Rockefeller Memorial Fellowships, Représentant pour la Grande Bretagne et l'Irlande : Mr. J. R. M. Butler, Trinity College, Cambridge (voir p. 20).

Bourses de « Salters' Institute of Industrial Chemistry »., Londres : *But* : Bourses pour études postuniversitaires dans l'industrie chimique. *Lieu d'exercice* : Dans le Royaume-Uni ou à l'étranger. *Montant* : £250 à £300 ou plus. *Renseignements* : The Director of the Institute, Salters'Hall, St. Swithin's Lane, Londres E. C. 4.

Bourses accessibles aux étudiants des Dominions britanniques d'outre-mer, des Indes et des Colonies pour études en Grande Bretagne et en Irlande.

The Queen's University of Belfast

Bourses Musgrave de recherches : *But* : L'encouragement des recherches scientifiques. *Sujets* : Pathologie, biologie, chimie, physique et physiologie. *Conditions* : Décernées uniquement aux sujets anglais diplômés, ayant passé au moins un an dans une université de l'Empire britannique et s'étant distingués dans des travaux de recherches. *Montant* : 5 bourses d'une valeur de £200 chacune. *Renseignements* : Les demandes doivent être adressées au secrétaire le 1er juillet au plus tard.

Université de Cambridge

Dominion and Colonial Exhibitions : Bourses décernées aux étudiants résidant aux Dominions et aux Colonies. *Montant* : £40 par an (peut être augmenté). *Durée* : 2 ans (peut être 3). Les demandes doivent être faites par l'intermédiaire de l'autorité principale de l'université à laquelle les étudiants appartiennent.

Bourses de recherches d'Emmanuel College : *But* : Recherches à Cambridge. *Montant* : £150 par an. *Durée* : 2 ans. Les demandes doivent être adressées au directeur avant le 31 juillet.

Bourses de recherches de Girton College : 1º Science : *But* : Recherches en mathématiques, sciences physiques et naturelles. *Montant* : £300 par an pendant 3 ans (renouvelable pour 6 ans). — 2º Arts (Bourse Pfeiffer) : *But* : Recherches dans les sciences morales et politiques, les langues, la littérature, et l'histoire. *Conditions* : Pour les femmes diplômées de toute université et membres du Girton College Roll. *Durée* : 3 ans (renouvelable pour 6 ans). — 3º First Girton : *Montant* : £300 par an.

Bourse de recherches Peterhouse : *Conditions* : Décernée aux diplômés de toute université anglaise ou étrangère, ayant l'intention de continuer jusqu'au Ph. D. Les demandes doivent être adressées au « Tutor » pas plus tard que juillet.

Université de Liverpool

Bourse coloniale Johnstone : *But* : Recherches bio-chimiques et enseignement. *Conditions* : Décernée aux membres des universités et écoles médicales des Colonies. *Montant* : £100 par an. *Renseignements* : The Registrar, The University, Liverpool.

Université de Londres

Bourses Meyer : *But* : Etude de l'histoire et de la géographie des Indes. *Conditions* : Décernée aux diplômés des universités de l'Empire britannique étudiant à l'Université de Londres. *Capital de la dotation* : £3.000.

Bourse de pathologie Plimmer : £300, pour candidats de nationalité britannique. *Renseignements* : Imperial College of Science and Technology, Londres S. W. 7.

Université d'Oxford

Rhodes Scholarship Fund

Secrétaire : M. Philip H. Kerr, C. H., 17, Waterloo Place, Londres S. W. 1.

Secrétaire à Oxford : F. J. Wylie, 9 South Parks Road, Oxford.

Secrétaire canadien : M. J. M. Macdonnell, 153, St. James' Street, Montréal.

Secrétaire australien : Dr. J. C. V. Behan, Warden's Lodge, Trinity College, Parkville, Victoria.

Secrétaire sud-africain : M. P. T. Lewis, Court Chambers, Keerom Street, Cape Town.

Secrétaire américain : Président Frank Aydelotte, Swarthmore College, Swarthmore, Pa.

Fondation : En vertu du testament du Right Honorable Cecil John Rhodes (décédé le 26 mars 1902).

Ressources : Fonds légué par M. Rhodes. Rendement environ : £90.000 par an.

Organisation : Administré par les Trustees.

Personnel : 1 secrétaire adjoint et 4 employés.

Montant : Chaque bourse est de £400 par an.

Durée : 3 ans. Environ 200 boursiers résident en même temps à l'Université d'Oxford. Chaque année, 34 boursiers sont désignés dans l'Empire britannique ; 1 dans chaque province ou Etat du Canada, de l'Australie et de l'Afrique du Sud et 2 en Nouvelle-Zélande ; 1 parmi quatre écoles déterminées de la province du Cap de l'Afrique du Sud, de la Terre Neuve, de Jamaïque et des Bermudes ; 3 chaque année de Rhodésie, 1 tous les 3 ans de Malte ; 32 boursiers par an des Etats-Unis d'Amérique.

But : Elargir les opinions des jeunes coloniaux, les instruire de la vie et des mœurs et leur inculquer l'avantage qu'il y a pour tous ses membres à préserver l'unité de l'Empire britannique ; propager l'union des peuples de langue anglaise dans toutes les parties du monde, ainsi qu'une bonne entente et la sympathie entre la Grande Bretagne et les Etats-Unis.

Nominations : Sont faites par des Comités locaux représentatifs nommés par les Trustees et comprenant comme membres d'anciens boursiers Rhodes ; les nominations doivent être ratifiées par les Trustees.

Qualités requises : Les candidats doivent être célibataires, citoyens du pays, du Dominion ou de la colonie qu'ils seront appelés à représenter, avec domicile de cinq ans au moins ; doivent avoir dépassé leur 19e mais non leur 25e anniversaire de naissance le 1er octobre de l'année pour laquelle ils sont élus. Aucun examen d'admission ; les mérites des candidats sont appréciés suivant leur curriculum vitæ et d'après des références personnelles, après une entrevue avec le Comité ; mais ils doivent avoir fréquenté pendant deux ans au moins un collège ou une université reconnus et accordant des doctorats.

M. Rhodes lui-même a stipulé que : «pour l'élection d'un boursier, il doit être tenu compte de : 1º ses connaissances littéraires et académiques ; 2º son goût pour les sports virils de plein air, tels que le cricket, le football et jeux similaires et son succès à ces sports ; 3º ses qualités de virilité, de véracité, de courage, de dévouement au devoir, de sympathie pour les faibles ; sa bonté, son esprit de sacrifice et son désintéressement, son amour du prochain ; et 4º la manifestation par lui pendant son séjour à l'école de force morale de caractère, et d'un instinct de chef, d'intérêt pour ses camarades de classes, car ce sont ces dernières qualités qui seront susceptibles de l'amener dans la vie, à considérer l'accomplissement de devoirs publiques et civiques comme l'idéal le plus élevé ».

Bourses accessibles aux étudiants étrangers pour études en Grande Bretagne et en Irlande

L'Anglo-German Academic Board décerne des bourses aux étudiants allemands des universités anglaises (voir p. 110).

Bourse Beit 'pour recherches scientifiques : Décernée aux hommes et femmes de moins de 25 ans d'origine européenne. £250 par an, pour deux ans. Décernée en juillet. *Renseignements* : The Rector of the Imperial College of Science and Techn., Londres.

Beit Memorial Fellowships pour recherches médicales : Pour diplômés, hommes ou femmes. Junior fellowships : £350 par an, pour trois ans, décernés en juillet. Senior fellowships : £600 par an, pour trois ans. *Renseignements* : Hon. Sec. to the Trust, 35 Clarges Street, Piccadilly, Londres W. 1.

British Academy, Londres, Prix Rose Mary Crawshay : Pour littérature anglaise. *Montant* : £100. Décernée aux femmes de toute nationalité, pour travaux historiques ou de critique. *Adresse* : Burlington House, Londres W. 1.

Université de Cambridge, Bourses Whewell : *But* : Etude du droit international. *Conditions* : Pour toute personne âgée de moins de 25 ans. *Lieu de jouissance* : A l'Université. *Montant* : Une bourse de £100 et une de £50.

Gilchrist Educational Trust, Bourses pour l'étude du turc et du chinois : Décernées aux candidats d'origine européenne. *Lieu de jouissance* : A l'École d'études orientales, Londres, ou dans un pays oriental. *Montant* : £50. Les demandes devront être adressées au directeur de l'École avant le 15 mai. Egalement bourses de £30 pour 1 an dans une école normale pour femmes. Décernées aux diplômées de toute université reconnue.

Bourses postuniversitaires Keddey - Fletcher - Warr pour recherches scientifiques : £200 pour 3 ans, renouvelable. Pour hommes et femmes d'origine européenne, décernée de préférence à des diplômés de Londres.

Université de Liverpool, Bourse internationale Garrett : Pour recherches en bactériologie, pathologie ou physiologie. *Montant* : £100 pour un an.

London School of Economics and Political Science, Bourses pour femmes : *Montant* : £150 par an. *Durée* : 2 ans. Pour étudiantes de 20 ans. Pour recherches, de préférence, en histoire de l'économie politique. *Renseignements* : The Secretary, London School of Economics, Aldwych, Londres W. C. 2.

Université de Manchester, Bourses pour diplômés : Anatomie £150 ; Chimie £100 ; Economie politique £90 ; Études d'ingénieur 2 de £100 chacune ; Maladies des enfants £100 ; Histoire £50 ; Physique £175 ; Physiologie £90; Médecine préventive £300.

Ramsay Memorial Fellowships : *But* : Recherches en chimie. *Conditions* : Pour des Anglais, Canadiens, Danois, Hollandais, Grecs, Italiens, Japonais. Suisses. Décernées par des Trustees. *Lieu d'exercice* : Dans l'Empire britannique. Ailleurs, par permission spéciale . *Montant* : £300 par an, pour 2 ans (quelques bourses sont de valeur plus importante). *Renseignements* : Secrétaire, Dr. Walter W. Seton, University College, Gower Street, Londres W. C.

Fondation Rhodes : 32 étudiants sont élus chaque année sur les 48 Etats des Etats-Unis. Seulement 2/3 des Etats nomment des candidats chaque année (pour détails voir p. 139).

Sommerville College, Oxford, Bourse de recherches Lady Carlisle: *Montant* : £150, pour 5 ans. Décernée à toute femme européenne. *Renseignements* : The Registrar, Sommerville College, Oxford.

University College of Wales, Aberystwyth : Bourse accessible aux étudiants de l'Université de Paris.

Westfield College for Women, Londres : Deux bourses de recherches pour diplômées de toute université. *Montant* : £30 et £50.

Chaire Sir Georges Watson d'histoire, de littérature et d'institutions américaines : Fondée par Sir W. G. Watson. *Montant de la dotation* : £20.000. Les cours sont donnés dans les différentes universités britanniques, à tour de rôle. Chaque cours comprenant environ 6 conférences, faites par des autorités éminentes américaines ou britanniques. Dotation administrée par le Sulgrave Manor Board, Central Buildings, Westminster, Londres S. W. 1.

GRÈCE

DISPOSITIONS OFFICIELLES

Office national hellénique des renseignements universitaires
Athènes

Directeur : M. le Dr. Ch. Vittas.

Fondation : 1927.
Activité : Conclusion d'un accord avec les universités yougo-slaves en vue d'une collaboration universitaire ; négociations en cours, sur l'initiative de la Grèce, en vue d'un arrangement analogue avec la Suisse. Donne tous renseignements universitaires, obtient une réduction de 50 % sur les tarifs de chemin de fer, ainsi que de certaines compagnies de navigation.

UNIVERSITÉS

Université d'Athènes

Obtient des chambres pour les étudiants étrangers, à des prix réduits ; envoie chaque année à l'étranger, notamment en Allemagne et en France, un certain nombre d'universitaires, après l'achèvement de leurs études.

Ecole polytechnique d'Athènes

A envoyé 5 boursiers à l'étranger en 1926-27. Montant d'une bourse : 500-750 drachmes, plus les frais de voyage ; dans des cas spéciaux, exonération des droits de scolarité. Nombre maximum de bourses à décerner par an : 9.

ORGANISATIONS DIVERSES

American School of Classical Studies, Athènes

Secrétaire du Comité administratif : M.E.D. Perry, Columbia University, New-York.
Directeur : M. le Dr. Rhees Carpenter.

But : Encouragement des études classiques après obtention du diplôme.
Ressources : Fournies par les universités et hautes écoles des Etats-Unis, dont les membres sont exonérés des droits de scolarité.
Activité : Décerne 3 bourses de $1.000 chacune.

Archaeologisches Institut des Deutschen Reichs
1, rue Phidias, Athènes

Directeur : M. le professeur Dr. Ernst Buschor.

Fondation : 1874.
Activité : Voir direction centrale, Berlin, p. 23.

British School at Athens

Directeur : M. A. M. Woodward.

Fondation : 1886.
Ressources : Subvention d'État (£100 par an), dons, contributions des Universités de Cambridge et d'Oxford et de la Society for the Promotion of Hellenic Studies, Londres.
Activité : L'Ecole loge les boursiers (voir p. 136) et autres universitaires travaillant à Athènes.

Ecole française d'Athènes
6, rue Didot

Directeur : M. P. Roussel.

Fondation : 1846.
Activité : Sous le patronage de l'école se trouve l'

Institut supérieur d'études françaises
29, rue Sina, Athènes

Pour tous détails, voir « France » (p. 68) et " Belgique "
(p. 43) qui bénéficient de bourses à l'Institut

Commission pour la création d'une Maison grecque à la Cité universitaire de Paris
Athènes

Président : M. le professeur N. Alivisatos, Athènes.

Ressources : D'importantes sommes ont déjà été souscrites.

HONGRIE

DISPOSITIONS OFFICIELLES

Le Ministère de l'Instruction publique

a créé, à Berlin, Paris, Rome et Vienne des centres d'étudiants sous la gestion d'un directeur d'études, pour les boursiers hongrois désireux de continuer leurs études dans ces villes. Tels sont les Collegia Hungarica à Berlin, à Paris, à Rome et à Vienne et les Instituts de recherches historiques dans ces deux dernières villes (voir les chapitres sur les pays en question). Ces centres ne doivent pas seulement fournir le logement et la pension aux étudiants ; la direction les aide dans leurs études, leur fait connaître les instituts scientifiques du pays, les recommande aux savants et les relations ainsi nouées sont entretenues par la suite. Les Collèges et Instituts servent également de bureaux de renseignement pour toutes questions concernant la civilisation hongroise. Suivant la place disponible, ils sont également — à l'exception de celui en France, qui n'a pas encore une maison à lui — à la disposition des savants étrangers pour un séjour plus ou moins long.

Outre quelques séries de conférences, faites en Hongrie par des professeurs invités, un échange de professeurs n'a lieu régulièrement qu'entre le Michigan Agricultural College (Etats-Unis) et les universités hongroises.

Bureau interuniversitaire hongrois
Kultusministerium, Báthory utca 12, Budapest

Directeur : M. le Dr. Zoltán de Magyary, conseiller ministériel.

Fondation : En 1925, par la Société hongroise pour la politique étrangère ; repris, en 1927, et réorganisé par le Ministère de l'Instruction publique sous la direction du chef du Département des Universités et des Sciences.

Országos Magyar Ösztöndijtanács
(Conseil national hongrois pour l'administration des bourses)
Kultusministerium, Budapest

Président : M. Albert de Berzeviczy.

Définition : Organisme autonome pour l'allocation des bourses de l'Etat.

Fondation : 1927.

Organisation : Composé de représentants des Hautes écoles, du Conseil national des Sciences naturelles, de l'Union des Associations scientifiques hongroises et de spécialistes dans les diverses branches.

Activité : Propose les candidats au Ministère de l'Instruction publique, qui n'a qu'un droit de veto vis-à-vis du Conseil national ; dispose des bourses suivantes :

40 bourses de voyage pour études à Vienne ;
30 — — — à Berlin ;
20 — — — en France, de 2.000 pengö chaque ;
4 — — — à Genève, de 2.500 — — ;
14 — — — en Grande Bretagne (1) ;
40 — — — en Italie.

Les bourses sont réservées aux diplômés hongrois (limite d'âge 35 ans) et, en seconde ligne, aux étudiants.

Durée : 1 an (peuvent être prolongées pour une deuxième année).

De plus, selon la somme fournie par l'Etat, le Conseil décerne de temps en temps, des bourses de voyage aux savants faisant des travaux de recherche.

ORGANISATIONS DIVERSES

Les villes de Budapest, Miskolc, Szeged, etc.

décernent un certain nombre (qui augmente chaque année) de bourses de voyage pour les fils de leurs citoyens.

---

(1) Les boursiers hongrois envoyés en Grande Bretagne sont logés dans les collèges anglais ; quant à ceux envoyés à Vienne, Berlin et en Italie, voir les renseignements sous « Collegium Hungaricum » dans ces pays.

Les Eglises

décernent, chaque année, un certain nombre de bourses de voyage à des étudiants en théologie de leurs diocèses ; des théologiens catholiques sont envoyés aux Universités d'Innsbruck, de Fribourg (Suisse), de Rome et de Vienne ; les théologiens protestants vont en Angleterre, à Genève, en Allemagne, à Utrecht et aux Etats-Unis.

Egyetemet és Fóiskolát Végzett Magyar Nók Egyesülete
(Association hongroise des femmes diplômées des Universités)
Baross utca 75, Budapest

Présidente : Mlle Dr. Emma Ritoók.
Directrice de la Section internationale : Mme Agota Fischer-Szilágyi, Málna utca 5, Budapest.

Fondation : 1925, membre de l'I. F. U. W. (cf. p. 14).
Ressources (en 1927) : Recettes provenant des cotisations des membres et de dons.
Activité : Reçoit les membres des organisations affiliées étrangères se rendant en Hongrie ; leur procure des facilités de séjour.

Magyar Diákkülügyi Bizottság
(Comité étranger des Associations d'étudiants hongrois)
Calvin tér 2, Budapest

Directeur : M. István Podrabszky.
Secrétaire général : M. László Nagy.

Fondation : En 1925, par les principales Associations d'étudiants hongrois ; membre de la C. I. E. depuis 1926 (cf. p. 11).
Ressources : Subventions de l'Etat, dons des Associations d'étudiants et autres.
Personnel : 1 fonctionnaire, 1 sténo-dactylographe, 1 garçon de bureau (à la demi-journée et rétribués).
Activité : Facilite aux étudiants hongrois les voyages à l'étranger ; obtient les visas de passeport ; fait, par l'intermédiaire des représentants sur place du Comité les arrangements pour la réception et l'aide des étudiants hongrois se rendant

à l'étranger. En 1928, création d'un bureau spécial de renseignements. Reçoit et aide les étudiants étrangers (logement, conseils sur
les études, etc.). Les groupes d'étudiants étrangers (composés de 10
membres au moins) peuvent, par l'intermédiaire du Comité, obtenir
une réduction de 50 % sur les tarifs des Sociétés de transports, et
des logements à des conditions avantageuses. Elabore les programmes de voyage pour les groupes d'étudiants étrangers, met
gratuitement à leur disposition des guides choisis parmi ses membres.
Donne son appui au Bureau de voyage des étudiants (voir ci-
dessous), qui organise également, aux prix les plus bas, des voyages
d'études à l'étranger. Entretien des rapports étroits avec les
membres des organisations internationales d'étudiants en Europe
et aux Etats-Unis.

A fondé le

Bureau de voyage des étudiants hongrois
Magyar Diákutazási Iroda « Madui »
Rákóczi ut 9, Budapest

Directeur : M. Béla Gulyás.

ITALIE

DISPOSITIONS OFFICIELLES

Décret royal du 19 décembre 1926 sur l'échange de professeurs entre l'Italie et l'étranger (1)

Le décret stipule que des professeurs appartenant aux universités et autres institutions, royales et libres, d'enseignement supérieur du royaume, peuvent être mis par le ministère de l'Instruction publique à la disposition du ministère des Affaires étrangères, aux fins d'enseignement à l'étranger. La suppléance nécessitée par l'absence des professeurs de l'Etat sera à la charge de l'Etat, celle résultant de l'absence des professeurs des institutions libres sera à la charge du budget de l'Instruction publique. Le ministère de l'Instruction publique peut, conjointement avec le ministère des Affaires étrangères et avec le consentement des recteurs et directeurs, et après avis du Conseil des professeurs des institutions royales et libres d'enseignement supérieur, confier à des professeurs étrangers des postes dans l'enseignement, pour une durée restreinte. Leurs traitements sont payés par ces deux ministères, conjointement avec le ministère des Finances.

Accord relatif à l'échange de professeurs et d'élèves entre l'Italie et la France
voir p. 65.

Bourses

Le ministère de l'Instruction publique et le ministère des Affaires étrangères décernent aux étudiants étrangers des bourses d'études en Italie, dont le nombre varie d'une année à l'autre ; ils décernent également des bourses pour études à l'étranger aux étudiants italiens.

---

1 Cf. *Bulletin des relations universitaires*   I.

La visite gratuite des monuments historiques, musées et fouilles archéologiques de l'Etat (Décret royal du 21 août 1922)

est accordée aux artistes, directeurs de musées et d'instituts d'art étrangers, ainsi qu'aux directeurs, professeurs et étudiants des écoles et académies étrangères, venant en Italie pour y étudier l'histoire de l'art et l'archéologie, et aux archéologues, historiens d'art, critiques et membres des missions étrangères en Italie.

Les groupes venant de l'étranger aux fins d'études scientifiques peuvent visiter gratuitement les collections d'antiquités et d'art de l'Etat.

Les étudiants étrangers jouissent, pour leurs études (photographies, mesures, etc.) des mêmes avantages dans les académies et écoles d'art et de musique que ceux dont bénéficient les étudiants italiens, ainsi que de l'exonération des droits d'inscription.

ORGANISATIONS DIVERSES

Archaeologisches Institut des Deutschen Reiches
79, via Sardegna, Rome

Directeur : M. le professeur Dr. Ludwig Curtius.

Définition : Filiale de la Zentraldirektion des Archäologischen Instituts des Deutschen Reichs à Berlin (voir p. 23).

Fondation : En 1828, sous le titre « Instituto di Correspondenza archaeologica » ; depuis 1870, Institut prussien, depuis 1874, Institut du Reich.

Activité : Encouragement aux relations entre l'Allemagne et l'Italie dans le domaine des études classiques, organisation de petits voyages de recherche à l'intérieur de l'Italie et dans ses colonies intéressantes au point de vue archéologique ; organisation de conférences et de cours ; bureau de renseignements.

Associazione Italo-Giapponese
2, via Ferdinando di Savoia, Rome.

Président d'honneur : M. Benito Mussolini.

Définition : Institut pour l'encouragement des rapports intellectuels et économiques entre l'Italie et le Japon.
Fondation : 1927.
Activité : Organise des cours de langue, littérature et d'histoire japonaises et italiennes ; met à la disposition des étudiants japonais et italiens une bibliothèque, des salles de conférences et d'études et une imprimerie japonaise ; bureau de renseignements. Prépare la publication d'une revue italo-japonaise et d'une série de livres.

British School at Rome
Valle Giulia, Rome

Directeur : M. Bernard Ashmole, M.C., M.A., B.Litt.

But : Encouragement aux études en Grande Bretagne et aux Dominions britanniques sur l'archéologie, la littérature, l'art et l'histoire de Rome et d'Italie de toutes les époques.
Fondation : 1901, comme Institut d'archéologie ; 1912, agrandi pour comprendre l'art, l'histoire et la littérature.
Organisation : Conseil, Comité administratif, 5 sections (archéologie, histoire et littérature ; architecture ; peinture ; sculpture ; gravure) sous la surveillance d'un directeur.
Activité : Organise des voyages d'études en Italie ; bibliothèque (ouverte aux étudiants de tous pays) ; direction des études.
Bourses : Une bourse de 3 ans dans chacune des 5 sections ; montant annuel : £250. Bourse du Royal Institute of British Architects (Jarvis Studentship) pour étudiants en architecture ; durée : 2 ans ; montant annuel : £250. Bourse Bernard Webb, pour étudiants en histoire et critique d'architecture ; montant : £250. Bourse du Gilchrist Trust, £75, pour 5 mois. Bourse Pelham, £100 par an attribuée par l'Université d'Oxford.

Collège des Flamands
Via Guerrazzi 20, Bologna.

Fondé en 1650 comme Foyer pour étudiants belges.

Collegio di Spagna
Via Collegio di Spagna 4, Bologna.

Fondé en 1364, comme Foyer pour étudiants espagnols.

Collegium Germanicum et Hungaricum, Rome

Définition : Séminaire pour étudiants en théologie allemands et hongrois.
Fondation : 1552.
Activité : Offre gratuitement le logement et la pension, ainsi que la direction de leurs études, à un certain nombre (variable d'année en année) d'étudiants catholiques hongrois et allemands en théologie, pendant les sept ans de leurs études.

Collegium Hungaricum

Voir « Institut hongrois de recherches historiques à Rome»,

Ecole française de Rome
Palazzo Farnese, Rome.

Directeur : M. Emile Mâle.

But : Encouragement d'études d'histoire et d'archéologie en Italie.
Fondation : 1873.
Budget : Fixé par le Parlement français.
Activité : Reçoit 6 jeunes étudiants français, dont 1 membre de l'Ecole normale supérieure, 1 membre de l'Ecole des Chartes et 1 de l'Ecole des Hautes Etudes. Boursiers nommés par le ministère de l'Instruction publique.

Ecole roumaine à Rome
11, via Enrico del Cavaliere, Rome.

Directeur : M. le professeur G. Mateescu.

But : Faciliter aux jeunes universitaires roumains les études archéologiques, historiques et philologiques à Rome.
Fondation : En 1921, en vertu d'une loi du 22 octobre 1920.
Ressources : Subvention annuelle de 900.000 lei du Gouvernement roumain.

Activité : Loge les membres dans la maison appartenant à l'Ecole où ils ont à leur disposition une salle de conférences, une salle d'études et une bibliothèque, comprenant 2.500 volumes ; 10 membres, jouissant des mêmes facilités que ceux de l'Ecole roumaine en France (voir p. 99). Bourses de 100 lire chacune par mois décernées par l'Ecole ; bourses décernées par le ministère des Finances, 600 lire chacune par mois.

Publication : « Ephemeris Dacoromana » et « Diplomatarium Italicum ».

Gruppi Universitari Fascisti
(Union nationale des étudiants italiens)
Corso Vittorio Emanuele 116, Rome.

Président : S. E. Augusto Turati.
Secrétaire général : M. le Dr. Roberto Maltini.

Définition : Membre de la C. I. E. (voir p. 11).
Activité : Obtient, pour les groupes de plus de dix personnes faisant des voyages d'études, une réduction de 30 % sur les prix des billets de chemin de fer.

Istituto Cristoforo Colombo
Via Nazionale 196, Rome.

Président : M. Benito Mussolini.
Secrétaire général : M. le professeur Luigi Bacci.

But : Entretien de rapports intellectuels et scientifiques avec les pays espagnols et portugais de l'ancien et du nouveau monde.
Fondation : 1924.
Organisation : Comité d'honneur, Conseil d'administration (44 membres, 1 président, 4 vice-présidents) ; Comités spéciaux pour tous pays espagnols et portugais. Section politique, scientifique et de civilisation.
Ressources : Donations importantes des fondateurs et protecteurs, cotisations annuelles.
Activité : Organise des conférences ; aide dans leurs études les nationaux des pays en question, en partie au moyen de bourses ; bureau de voyages et de propagande.

Institut français de Florence
Palazzo Pisani, 2 Piazza Manin

Directeur : M. le professeur Dr. H. Graillot.

But : Encouragement aux études de philologie et d'histoire de l'art en Italie.
Fondation : 1908.
Organisation : Sous le patronage de l'Université de Grenoble.
Ressources : 40.000 fr. du Gouvernement français.
Activité : Réception des boursiers français ; cours ; bibliothèque.

Institut français de Naples
12, Piazza S. Don.enico Maggiore.

Directeur : M. Paul-Marie Masson.

But : Voir Institut français de Florence ci-dessus.
Fondation : 1919.
Organisation : L'Institut est affilié à l'Université de Grenoble, dont fait partie le personnel enseignant ; cours en trois stages, cours publics et cours du soir.
Ressources : Subventions régulières du Gouvernement français (55.000 francs) et de l'Université de Grenoble ; droits d'inscription.
Activité : Organise tous les ans à l'Université de Naples des cours pour 100 à 150 étudiants, instituteurs, professeurs de l'enseignement secondaire, avoués, ingénieurs, officiers de la garnison de Naples, etc. ; conférences, concerts par artistes français ; voyages d'études en France pour étudiants italiens ; bibliothèque.

Institut hongrois de recherches historiques à Rome
Viale del Policlinico 139.

Directeur : M. le professeur Dr. Tibor Gerevich.

Fondation : En 1888, par l'historien hongrois évêque Vilmos Fraknôi qui, par l'intermédiaire de l'Institut, fournissait sur ses propres moyens aux jeunes savants hongrois, le logement et la pension et l'occasion de travaux scientifiques. En 1913, don de la maison à l'Etat hongrois à la condition qu'elle serve de foyer pour savants.

Activité : L'Institut a repris son activité en 1924. La place disponible ne suffisant plus à loger tous les boursiers de l'Etat, le Palais Falconieri fut acheté, avec l'autorisation du Gouvernement italien, en vue d'y installer un nouveau Collegium Hungaricum (voir p. 146) qui doit être inauguré en 1928 et pourra loger 30 à 40 boursiers. Une partie des boursiers doit être choisie parmi les jeunes historiens et historiens d'art hongrois.

Istituto Interuniversitario Italiano
Via di Monte Tarpeo 28, Rome.

Président : M. le sénateur G. Gentile.
Vice-président : S. E. M. le professeur A. Giannini.

But : Encourager et cultiver les relations universitaires avec l'étranger.
Fondation : 1923.
Organisation : Commission générale composée de délégués de toutes les institutions italiennes d'enseignement supérieur : Conseil d'administration composé de 9 membres.
Ressources : Budget, 120.000 lire environ.
Activité : Bureau central de renseignements universitaires ; propagande en faveur des cours de vacances italiens pour étudiants étrangers.

Istituto per l'Europa Orientale
Via Nazionale 89, Rome.

Directeur : S. E. Amedeo Giannini.
Secrétaire général et bibliothécaire : M. le professeur E. Lo Gatto.

But : Encouragement d'études politiques, historiques et de civilisation concernant les pays de l'Europe orientale.
Fondation : 1921.
Organisation : Conseil d'administration, Assemblée générale ; 4 sections.
Ressources : Proviennent de sources publiques et privées (dotations et cotisations).
Activité : Organise des conférences et cours ; publie des ouvrages et revues pour l'étude de l'Europe orientale ; aide dans leurs études les étudiants venant de l'Europe orientale, en partie au moyen de bourses.

Kunsthistorisches Institut in Florenz
(Institut allemand d'histoire de l'art)
Piazza degli Uffizi, Florence.

Directeur : M. le Dr. Heinrich Bodmer.

But : Encouragement aux études sur l'histoire de l'art en Italie.
Fondation : 1897.
Organisation : Entreprise privée du « Verein zur Erhaltung des Kunsthistorischen Instituts in Florenz e. V. », Berlin.
Ressources : Fournies par le « Verein », et subvention du Reich allemand.
Activité : Organise des conférences par les professeurs allemands à Florence, et par les professeurs italiens de l'histoire de l'art à l'étranger, surtout en Allemagne, Autriche et en Suisse ; organise annuellement une série de discussions scientifiques par des auditeurs choisis, avec la participation de professeurs allemands et étrangers. Cours pour étudiants de tous pays. Trois bourses de 9 mois par an pour jeunes historiens de l'art après achèvement de leurs études universitaires.

Preussisches Historisches Institut
(Institut prussien de recherches historiques)
Via dei Lucchesi 26, Rome.

Directeur : M. le professeur Dr. Kehr, Berlin.
Secrétaire : M. le professeur Dr. O. Baethgen.

But : Utilisation des archives du Vatican pour l'étude des rapports historiques entre la Papauté et l'Allemagne ; encouragement des recherches par les savants allemands dans les archives et bibliothèques italiennes.
Fondation : 1888.
Organisation : Institut officiel de l'Etat de Prusse, subordonne au ministère prussien de l'Instruction publique ; patronage d'un Comité créé par l'Académie des sciences de Berlin.

Svenska Institutet i Rom
(Institut archéologique suédois à Rome)
Palazzo Brancaccio, Via Merulana 247, Rome.

Directeur : M. le professeur Dr. Carl Axel Boëthius.
Secrétaire : M. le professeur Dr. Martin Nilsson, Université de Lund.

But : Encourager les études archéologiques dans les pays scandinaves.

Fondation : 1925.

Organisation : Sous le patronage des Universités de Lund et d'Upsala.

Ressources : Dotations et bourses.

Activité : Renseignements aux étudiants, loge les boursiers pendant la durée de leurs travaux à Rome.

LETTONIE

DISPOSITIONS OFFICIELLES

Le Ministère de l'Instruction publique (Izglitibas ministirja)
Valdemara iela 36a, Riga.

Décerne annuellement 11 bourses de 100 lats par mois, qui peuvent également être utilisées pour les études à l'étranger. Il administre également les :

« **Fonds Kulturas** ». Créé en 1920 pour donner aux savants, étudiants, laboratoires, etc., un appui direct. Les ressources sont fournies par un impôt de 3 % sur les billets de chemin de fer. Les fonds sont répartis par un Conseil composé de 16 représentants du Parlement et du ministère de l'Instruction publique coopérant avec 25 commissions d'experts. Les bourses suivantes pour études à l'étranger ont été ou seront décernées sur ce fonds :

	1927/28	1928/29
Au personnel enseignant des universités	10.000 lats	16.000 lats
Aux savants en dehors des universités	5.000 —	8.000 —
Aux professeurs de l'enseignement secondaire et aux instituteurs	5.000 —	6.000 —

UNIVERSITÉS

Université de Riga

Échange régulier de professeurs avec l'Université de Dorpat. Les négociations sont en cours concernant un échange de professeurs entre la Lettonie et la Belgique, sur une proposition faite récemment par la Belgique.

Institut Herder
Antonienstrasse 1, Riga.

Recteur : M. le Dr. Wilhelm Kulmberg.
Secrétaire général : M. le professeur Wilhelm von Stryk.

Définition : Université allemande libre.
Fondation : En 1921, pour entretenir et propager la science par des travaux de recherche et l'enseignement.
Organisation : Se compose de membres actifs, non-actifs et honoraires ; Conseil d'administration composé des doyens des quatre Facultés (pas de Faculté de médecine) et 3 autres membres.
Ressources : Souscriptions privées (par les « Amis de l'Institut Herder »), et par la Société Herder.
Activité internationale : En 1928, 14 étudiants ont été envoyés aux différentes universités allemandes.

ORGANISATIONS DIVERSES

Latvijas Studentu Padome, Arlietu birojs
(Union des étudiants lettons, Bureau des Affaires étrangères)
Université, Riga.

Président : M. Janis Raiska.
Secrétaire du Bureau des voyages : M. Herbert Riekstins.

Ressources : Dépenses prévues pour 1928 pour le Bureau des Affaires étrangères (entièrement défrayées par l'Union des étudiants) : 8.685 lats, dont 4.300 lats pour les frais de la conférence de l'Union des Associations d'étudiants des Etats baltiques, devant être tenue en novembre 1928 (S. E. L. L., voir p. 59).
Personnel : Secrétaire pour la demi-journée, rétribué.
Activité : Procure pour les groupes de 10 étudiants étrangers au moins, une réduction de 50 % sur les tarifs des chemins de fer de l'Etat, ainsi que certains privilèges aux théâtres et aux restaurants pour étudiants ; représente les étudiants lettons au sein de la S. E. L. L. ; prépare actuellement l'organisation d'une colonie d'été, à la disposition d'étudiants d'échange.
Publication : « Students » (bi-mensuel).

Latvijas Universitates Kristiga Studentu Biedriba
(Union chrétienne des étudiants lettons)
Dzirnavu iela 31, Riga.

Président : M. Kristof Valters.

Fondation : 1922 ; membre de la F. U. A. C. E. (cf. p. 15).
Ressources : Budget 1.000 lats par an environ.
Activité : Encouragement et entretien de rapports plus étroits avec les organisations affiliées en Esthonie et Finlande, dont les membres sont aidés de toutes les façons possibles, par l'Union à Riga, pendant leur séjour dans cette ville.
Publication : « L. U. Kristiga Studentu Biedriba», Riga 1927.

LITUANIE

DISPOSITIONS OFFICIELLES

Le Ministère de l'Instruction publique
(Svietimo Ministerija)

a décerné, en 1927-1928, les bourses suivantes pour études à l'étranger :

Pour études en France...............	22 bourses à	4.000 lit
	1 —	5.200 —
	1 —	5.800 —
— — — Allemagne	16 —	4.000 —
	1 —	5.800 —
— — — Belgique.............	3 —	4.000 —
— — — Autriche	14 —	4.000 —
— — — Suisse	4 —	4.000 —
	1 —	5.800 —
— — — Italie	1 —	4.000 —
— — — Tchécoslovaquie	20 —	4.000 —

Lietuvos Universiteto Studentu Atstovybé, Uzsienu Reikalu Komisija
(Commission des étudiants de l'Université lituanienne, Bureau des Affaires étrangères)
. Université, Kaunas (Kovno)

Directeur : M. J. Audickas.
Secrétaire : M. A. Petrauskaite.

Fondation : 1925.
Organisation : La Commission a plusieurs comités spéciaux, dont l'un est le Bureau des Affaires étrangères ; membres élus annuellement, tant à la Commission qu'aux comités spéciaux.
Ressources : Proviennent principalement de fêtes de bienfaisance. Subventions spéciales de l'Etat et de l'Université pour les frais de représentation.

Activité : Le bureau organise et dirige toutes les activités internationales de la Commission des étudiants, correspond directement avec les associations d'étudiants à l'étranger ; organise des excursions et l'échange d'étudiants. Reçoit des hôtes et des étudiants en visite, venant d'autres pays ; participe à diverses conférences internationales ; obtient, pour les étudiants se rendant à l'étranger, les visas et passeports nécessaires à des prix réduits ; renseigne les étudiants étrangers sur les conditions de la vie d'étudiant en Lituanie ; maintient un contact plus étroit avec la Finlande, l'Estonie et la Lettonie, et constitue, avec les associations d'étudiants de ces pays, la S. E. L. L. (voir p. 59.)

LUXEMBOURG

Accords officiels avec la Belgique et la France pour l'échange de professeurs et d'étudiants (voir ces pays, p. 41 et 66.)

NORVÈGE

DISPOSITIONS OFFICIELLES

Ministère des Cultes et de l'Instruction publique

Décerne 7.000 couronnes norvégiennes (1920-1921 : 40.000) à titre de bourses de voyage à des professeurs de lycées et d'écoles secondaires.

UNIVERSITÉS (1)

Université d'Oslo

Décerne les bourses de voyage suivantes, par l'intermédiaire du corps des professeurs :

Dotation du secrétaire d'Etat et Mme Jacob Aall : Diverses bourses d'études médicales, dont deux pour l'étranger. *Montant* : 2.000 à 3.000 cour. norv. Décernées par la Faculté de médecine.

Dotation Johan Joergen Broch : Deux bourses d'études à l'étranger, de 1.300 cour. norv. chaque.

Dotation Gustav Bruun : Deux bourses d'études à l'étranger, de 2.000 cour. norv. chaque.

Dotation des Compagnies norvégiennes d'assurances (Norske Forsikringsselskaper) : *But* : L'étude du droit régissant les assurances, en Norvège ou à l'étranger. *Montant* : 8.000 cour. norv. par an. *Durée* : 1 an.

Norsk-Oxford-Stipendium pour études à Wadham College, Oxford : £200 pour trois semestres.

---

(1) Cf. Universitets- og Skole-annaler. Oslo 1928.

Dotation de Paris : *But* : Obtention d'un poste de lecteur à l'Université de Paris, pour un jeune philologue norvégien. *Montant* : 1926-1927 : 6.000 cour. norv.

Dotation August et Mathea Monthey : Deux bourses d'étude à l'étranger de 2.000 couronnes norvégiennes chaque.

Dotation Comte Hjelmstjerne Rosencrone : Affectée en général à des bourses d'études à l'étranger. *Montant* : 600 à 1.500 cour. norv. par an. 12 bourses en 1926.

Dotation Hans Siewers : Bourse d'études à l'étranger de 1.500 cour. norv.

Dotation de M. le consul général O. J. Storm : 10 bourses d'études à l'étranger de 1.000 cour. norv. chaque. 1 bourse d'études à l'étranger de 600 cour. norv.

Dotation Henrich Thomassen Heftye : Deux bourses d'études de 900 cour. norv. chaque.

Universitet ets Jubileumsfond : Bourses décernées pour études en Angleterre, France, Allemagne et les Etats-Unis.

ORGANISATIONS DIVERSES

Instituttet for sammenlignende Kulturforskning
(Institut pour l'étude comparative des civilisations)
Oslo

Président : M. Fredrik Stang.
Secrétaire : M. J. A. Refsdal.

Définition : Institut scientifique indépendant.
Fondation : 1919. Ouvert en 1923.
Organisation : Divisé en diverses sections spécialisées. Administré par un comité.
Ressources : 2/3 au moins des intérêts annuels qui sont à la disposition de la Section des "sciences de l'homme" du Fonds de recherches d'Etat et des intérêts du fonds de l'Institut, doté par la Municipalité d'Oslo et dons divers. Le fonds de l'Institut est géré par le ministère des Finances ; le roi décide l'emploi du Fonds de recherches d'Etat. Budget : Environ 110.000 cour. norv. par an.
Activité : A l'effet d'encourager l'étude comparée des civilisations, organise des conférences par des savants norvégiens et étrangers, crée des bourses de professorats par invitation, distribue

des fonds pour recherches scientifiques à l'étranger par des savants
norvégiens et étrangers, membres de l'Institut; contribue à divers
autres voyages de recherches.

Publication : Fredrik Stang, Rapport sur l'activité de l'Institut pendant les années 1923-1926, Oslo, 1928.

« Norden ». Norsk forening for nordisk samarbeide
(« Le Nord ». Société norvégienne de coopération intellectuelle
des pays du Nord)
Université, Oslo.

Président : M. le professeur Didrik Arup Seip.

Définition : Association pour favoriser la coopération intellectuelle des pays du Nord.

Organisation : Comité, composé des représentants des professeurs et des étudiants. Sociétés correspondantes à Stockholm et à Copenhague.

Activité : Cours supérieurs pour faire connaître la civilisation des pays nordiques. Ces cours ont lieu dans le pays même, lequel ils traitent. Invitation des professeurs éminents des pays voisins soit pour une seule conférence, soit pour organiser un cours ou une série de conférences. Echanges d'étudiants pendant l'année scolaire et pendant les vacances. Organisations des colonies de vacances pour les étudiants scandinaves (Wandrungslager) en 1927 en Danemark, en 1928 en Suède.

Laura Spelman Rockefeller Memorial, Représentant norvégien

M. le professeur Fredrik Stang, Université, Oslo (voir p. 20).

PAYS-BAS

DISPOSITIONS OFFICIELLES

Le Gouvernement néerlandais

décerne, depuis 1926, une bourse par an au laboratoire du Centre zoologique de Naples, avec un subside de 1.200 florins, plus 1.500 florins pour frais de voyage et d'hôtel. Séjour : deux fois trois mois par an.

Sur la recommandation du Gouvernement néerlandais, de jeunes savants néerlandais sont admis par le Gouvernement français à la Section étrangère de l'Ecole française d'Athènes (voir p. 144.) Le Gouvernement néerlandais contribue annuellement 6.000 francs, généralement pour un boursier par an.

Subvention fixe à la Rockefeller Foundation à Leyde, afin de faciliter aux jeunes universitaires néerlandais et étrangers les travaux de recherches scientifiques au laboratoire cryogénique de Leyde.

Accord avec le Gouvernement Belge

concernant l'échange de professeurs et de bourses d'études (voir Belgique, p. 42.)

Ramsay Memorial Fund

Bourse décernée tous les deux ans par le Gouvernement néerlandais à un jeune chimiste, pour travaux dans un laboratoire anglais. Montant : £300 par an. Durée : 2 ans.

UNIVERSITÉS

Association des étudiants en théologie des universités néerlandaises

Invite tous les deux ans deux professeurs étrangers de théologie à faire des conférences, et paie leurs honoraires sur le fonds commun.

Ces professeurs sont généralement les hôtes d'un professeur d'université hollandais.

Université d'Amsterdam

Commissie voor Internationale Studieaangelegenheden
7 Corantijnstraat.

Secrétaire : M. G. Mannoury.

Sous-commission de l'Algemeene Commissie voor Internationale Studieaangelegenheden (voir p. 171).

Haute Ecole technique, Delft

Commissie voor Internationale Studieaangelegenheden
Rotterdamsche Weg 101.

Président : M. G. A. F. Molengraaff (voir p. 171).

Université de Groningue

Commissie voor Internationale Studieaangelegenheden
9 Eemskanaal

Secrétaire : M. le professeur J. de Zwaan (voir p. 171).

Groninger Universiteitsfonds : *Secrétaire* : M. le professeur J. Lindeboom. *Fondation* : 1893. *Ressources* : Revenu annuel 10.000 florins, affecté, entre autres choses, aux bourses de voyage.

Stichting Oud-Studentenfonds : *But* : Organisation de conférences scientifiques par savants étrangers, dans l'Aula de l'Université. Invitations faites par le Sénat de l'Université. *Fondation* : 1906.

Université de Leyde

Commissie voor Internationale Studieaangelegenheden
36 Nieuwstraat

Président : M. le professeur N. van Wijk.
Secrétaire : M. J. H. Kramers (v. p. 171).

Fonds Herman Coster : Pour étudiants hollandais et sud-africains. *S'adresser à* : M. N. Mansveld, Heemstede, 8 Berkenrodestraat (Poste Haarlem).

Dotation R. Fruin : Bourses de voyages pour jeunes diplômés, de préférence pour l'étude de la langue néerlandaise et pour travaux classiques et historiques. *Montant* : 1.000 florins par an. *Conditions* : Le nombre et le montant des bourses par an sont subordonnés au nombre de candidats et à la durée des voyages. Bourses décernées par le Sénat de l'Université, après approbation par une Commission constituée par les Facultés intéressées.

Dotation H. Vollenhoven : Bourses de voyages pour étudiants actuels et anciens étudiants de l'Université. *Montant* : Varie tous les ans. *Administration* : Conseil de l'Université.

Université catholique de Nimègue

Commissie voor Internationale Studieaangelegenheden
St. Annastraat 17

Secrétaire : M. le professeur J. C. H. Schrijnen (voir p. 171).

Ecole des Hautes Etudes commerciales, Rotterdam

Commissie voor Internationale Studieaangelegenheden
Van Vollenhovenstraat 11c.

Secrétaire : M. le professeur F. de Vries (voir p. 171).

Dotation Van Beck : Bourse de voyage, surtout pour les anciens étudiants de l'Université. *Montant* : 14.000 fl. par an.

Université d'Utrecht

Commissie voor Internationale Studieaangelegenheden
Institut d'Anatomie, Janskerkhof

Président : M. le professeur A. J. P. van den Broek (voir p. 171).

Stipendium Bernardinum : *Secrétaire* : M. le professeur Dr. H. Visscher. *Fondation* : 1750, par Daniel Bernard Guiljamsz, ancien gouverneur de la côte de Coromandel (Indes). *But* : Secours aux étudiants allemands et hongrois en théologie à l'Université d'Utrecht (actuellement 10 bourses allemandes et 4 hongroises à 1.000 fl. chaque). *Montant* : Capital primitif £9.000. *Administrateurs* : Les professeurs de théologie à Utrecht qui aident les boursiers, quand il y a lieu, dans leurs études. Réunions des boursiers à la Convention et Union des Etudiants allemands et hongrois à Utrecht.

Dotation Anna Everwijn : Bourse pour étudiants hongrois et transylvains en théologie à l'Université. *Montant* : 336 fl. par an. *Administrée* par le Ministère des Finances. *Renseignements* : Faculté de théologie.

Oud-Studenten Fonds : *Secrétaire* : M. H. A. van Asch van Wyck, Doorn. *Fondation* : 1886, à l'occasion du 250e anniversaire de la fondation de l'Université. *Affectation* : Les intérêts sont utilisés en partie pour des bourses de voyage.

Haute Ecole d'agriculture, Wageningen

Commissie voor Internationale Studieaangelegenheden
Rijksstraatweg 17

Président : M. le professeur J. C. Kielstra (voir ci-dessous).

Dotation Landbouw-Export Bureau : Bourses de voyage et de recherches ouvertes également aux étrangers. *Montant* : 8.000 fl. par an.

ORGANISATIONS DIVERSES

Algemeene Commissie
voor Internationale Studieaangelegenheden
(Commission néerlandaise pour les relations universitaires internationales)
Nieuwstraat 36, Leyde

Président : M. le professeur N. van Wijk.
Secrétaire : J. H. Kramers, Oegstgeest près Leyde.

But : Encouragement et développement des rapports entre les universités néerlandaises et étrangères.
Fondation : 1921.
Organisation : Comprend des représentants de toutes les institutions néerlandaises d'enseignement supérieur, qui ont toutes formé une sous-commission (voir plus haut).
Ressources : Subventions du Ministère d'Instruction publique ; aucun budget fixe.
Activité : Renseignements généraux sur les questions universitaires, rapports avec toutes les organisations semblables, collaboration avec la Commission et l'Institut de coopération intellectuelle.
Publication : « Guide Book for foreign students in Holland », 2e édition, 1927, La Haye (109 pages).

Algemeene Senaten Vergadering, Rejscommissie
(Conférence permanente des Sénats des Corps d'étudiants, Commission des voyages)
41, Breestraat, Leyde

Président : M. P. Linthorst-Homan.

Membre de la C. I. E. (voir p. 11).

Association des Auditeurs et Anciens Auditeurs de l'Académie de Droit International de La Haye (A. A. A.)
Palais de la Paix, La Haye, Bureau nº 50

Président : M. Paul Lavoie, Maison canadienne, Cité universitaire, Paris.
Secrétaire et trésorier : M. L.H.J.J. Mazel, La Haye.

But : Entretien de rapports intellectuels entre les anciens auditeurs et auditeurs actuels de l'Académie de Droit international, obtention de facilités de séjour à La Haye pour les auditeurs de l'Académie.
Fondation : 1924 ; statuts définitifs, 1925.
Ressources : Cotisations des membres et souscriptions.
Activité : Grâce aux arrangements avec les hôtels, l'A. A. A. assure à ses membres des prix réduits de pension à La Haye et à Scheveningen ; obtient pour les auditeurs à l'Académie des facilités considérables concernant les visas ; pendant le semestre, organise

deux fois par semaine des repas en commun, pendant lesquels ont lieu des discussions et conférences concernant les différents pays. Le Bureau donne tous renseignements. Des Unions nationales d'auditeurs actuels et d'anciens auditeurs de l'Académie existent en Allemagne, en Hongrie et en Pologne, pour maintenir le contact entre eux.

Publication : « Bulletin », publié par l'A. A. A., à La Haye.

Nederlandsch-Amerikaansche Fundatie
La Haye

Président : M. le professeur J. Huizinga.

But : Encourager et cultiver les rapports intellectuels entre les Pays-Bas et les Etats-Unis.

Fondation : 1923.

Organisation : Divisée en deux Commissions (l'une pour les sciences et l'autre pour les arts), accord avec la Chambre de commerce néerlandaise-américaine à Amsterdam, et avec une organisation pour l'émigration. Collaboration intime avec la Netherlands-America Foundation à New-York.

Ressources : Cotisations des membres (minimum 10 fl.), souscriptions de membres donateurs, minimum 100 fl. par an, ou un don de 1.000 fl.

Activité : Décerne annuellement 4 à 6 bourses pour voyages en Amérique. Montant : 1.500 fl. Les étudiants font une demande personnelle, et doivent être agréés par la Commission intéressée. La Fondation donne des lettres de recommandation et d'introduction aux Etats-Unis. Organise des cours pour savants et étudiants américains (la « Semaine américaine » à Leyde).

Philologisch Studiefonds
(Fonds d'études philologiques)
Utrecht

Président : M. le professeur Dr. J. Six, Amsterdam.
Secrétaire : Dr. G. van Hoorn, Utrecht.

Fondation : 1897.

Organisation : Direction composée d'un professeur de la Faculté des Lettres des chacune des universités néerlandaises et de cinq autres membres.

Ressources : Cotisations annuelles et dons.

Activité : Décerne des bourses aux docteurs et candidats en philologie et en droit romain, pour études en Italie et en Grèce.

Laura Spelman Rockefeller Memorial,
Représentant néerlandais

M. le professeur J. Huizinga, Université de Leyde (voir p. 20).

Fonds Professeur Stokvis
Université d'Amsterdam

Secrétaire : M. le professeur J. van Waals, Willemsparkweg 204, Amsterdam.

Fondation : Entre 1900 et 1910 ; effectif depuis 1925.
Organisation : Géré par la « Gennotschap ter Bevordering van Natur- Genees- en Heelkunde » (Société pour le développement des sciences naturelles, médicales et pharmaceutiques).
Activité : Paie les frais de voyage et de séjour pour permettre aux médecins hollandais de visiter les universités et instituts scientifiques à l'étranger.

Studiefonds voor Zuid-Afrikaansche Studenten in Nederland
(Fonds d'études pour les étudiants sud-africains aux Pays-Bas)
Keizersgracht 141, Amsterdam

Président : M. le Dr. J. H. Gunnig, Hooge Naarderweg 8, Hilversum.
Secrétaire : M. le professeur Dr. J. W. Pont, Willemslaan, Bussum.

Fondation : Par la Zuid-Afrikaansche Vereeniging.
Organisation : Géré par un Comité sous la surveillance de la Zuid-Afrikaansche Vereeniging.
Ressources : Souscriptions, subvention de la Zuid-Afrikaansche Vereeniging, intérêts sur le capital de la dotation, 10.000 fl. Contribution du Gouvernement sud-africain.
Activité : Secours aux étudiants sud-africains (une trentaine en 1927) pour études médicales, philologiques et théologiques en Hollande.

Vereeniging Jan Pietersz. Coen
(Association J. P. Coen)
Amsterdam

Président honoraire : Sir Henri W. A. Deterding.
Secrétaire général : M. W. F. Nijland, Industrieele Club, Vijgendam
2-6, Amsterdam.
Président du Conseil d'administration : M. C. H. Guépin, Santpoort.
Trésorier : M. W. F. Nyland, Hilversum.

But : Susciter et entretenir en Hollande l'intérêt pour les Indes
néerlandaises.
Fondation : 1925.
Ressources : Cotisations des membres, 10 fl. par an au moins ;
souscriptions de membres donateurs : 250 fl. au moins par an,
ou une souscription de 2.500 fl. au moins. Budget pour 1926 :
44.549 fl.
Organisation : Gérée par un Conseil d'administration.
Activité : Décerne une série de bourses aux étudiants de 18 à
24 ans et aux professeurs dans les écoles secondaires, pour études
aux Indes hollandaises. Ses activités sont encouragées et appuyées
par la Royal Dutch Company, qui s'est engagée à supporter à toutes
époques, la moitié des frais de voyages et de séjour des boursiers.
Ceux-ci sont nommés par la Compagnie ; nombre maximum au
cours d'une année quelconque : 72 bourses de voyages. Jusqu'en
1927, l'Association a pu envoyer aux Indes 13 étudiants et 5 professeurs de l'enseignement secondaire.

Vereeniging van Vrouwen met akademische Opleiding
(Fédération néerlandaise des femmes diplômées des universités)

Présidente de la Commission sur les relations internationales : Mme Dr.
M. J. Freie, Hacquartstraat 1, Amsterdam (Zuid).

Membre de l'I. F. U. W. (voir p. 14).

Vereeniging voor Wetenschappelijke Lezingen
(Association de conférences scientifiques)
Université, Leyde.

Secrétaire : M. le professeur A. W. Byvanck.

Activité : Invite des savants étrangers à faire des conférences
à l'Université de Leyde.

POLOGNE

DISPOSITIONS OFFICIELLES

Le Gouvernement polonais

dispose d'un fonds de 5.000.000 zlotys par an pour l'encouragement de la vie intellectuelle. Fonds administré par le Conseil d'Etat. Destiné, entre autres choses, à faciliter l'échange de professeurs.

A conclu des arrangements pour échange de professeurs avec : la France, en 1923 (voir p. 66) et la Belgique, en 1925 (voir p. 42). Pourparlers en cours, pour un arrangement semblable avec le Gouvernement tchécoslovaque.

Le traitement des professeurs polonais détachés à l'étranger est, en partie, payé par le Gouvernement.

Section scientifique du Ministère de l'Instruction publique

Encourage la création de chaires pour l'enseignement de la langue et de la littérature polonaises à l'étranger et décerne une série de bourses d'études à des universitaires après achèvement de leurs études. (Aucune dotation privée n'existe en Pologne pour voyage d'études à l'étranger.)

En vertu d'accords réciproques, le Ministère de l'Instruction publique a créé une série de bourses pour les étudiants étrangers fréquentant les universités de Pologne. (Accords avec la Belgique, la France, la Roumanie, la Tchécoslovaquie, la Yougoslavie, etc.) Les candidats polonais pour ces bourses à l'étranger sont désignés après avis des universités, par le Ministère de l'Instruction publique, lequel alloue aussi un certain nombre de bourses pour la participation d'étudiants aux cours du Bureau d'études internationales à Genève (voir p. 10).

Le Ministère des Affaires étrangères

a organisé une Section historique et scientifique, pour l'encouragement de l'échange de professeurs avec les pays étrangers. Supporte, conjointement avec la Section scientifique du Ministère de l'Instruction publique, les frais de voyage et de séjour des professeurs étrangers en Pologne, dont le traitement correspond au traitement normal des professeurs polonais.

UNIVERSITÉS

Les Universités et Grandes Écoles, en particulier les Universités de Cracovie et de Varsovie

organisent des échanges de professeurs avec la France (Paris, Nancy, Strasbourg), la Tchécoslovaquie, la Yougoslavie etc.; négociations en cours pour échanges avec l'Angleterre, l'Italie, la Suisse et les Etats-Unis. Organisation permanente de conférences, faites de temps en temps par des professeurs étrangers en séjour en Pologne et par les professeurs polonais en séjour à l'étranger.

ORGANISATIONS DIVERSES

Institut français de Varsovie
Palais Stazzi, Varsovie

Fondation : 1924, dans les locaux mis à sa disposition, avec la permission du Gouvernement polonais, par la Société des Savants de Varsovie.

Organisation : Administration et direction générales effectuées par un Conseil d'administration, à Paris, où sont représentés les Ministères français des Affaires étrangères et de l'Instruction publique, l'Institut français, les Universités de Paris, Nancy et Strasbourg, l'Institut d'études slaves de Paris, l'Association France-Pologne, l'Ecole des langues orientales vivantes, la Légation de Pologne à Paris et le directeur de l'Institut.

Activité : Organisation de cours scientifiques par des professeurs français des établissements d'enseignement supérieur, invités par l'Institut à se rendre en Pologne.

Polskie Biuro Uniwersyteckie
(Office national des universités polonaises)
Nowy Swiat 72, Varsovie

Directeur : M. le professeur Dr. O. de Halecki.

Définition : Bureau de renseignements pour toutes questions universitaires polonaises et étrangères.

Fondation : 1926.

Organisation : 1 directeur, nommé par la Commission nationale polonaise de coopération intellectuelle (voir ci-dessous). 1 secrétaire : le secrétaire de la Commission en fonctions à l'époque.

Ressources : Subventionné par le Gouvernement et par la Commission nationale de coopération intellectuelle.

Activité : Renseignements sur toutes questions universitaires ; organisation de discussions sur les questions universitaires internationales ; s'efforce d'étendre l'échange de professeurs aux instituts universitaires, laboratoires et séminaires ; collaboration avec la Commission et l'Institut de coopération intellectuelle et avec le Bureau des affaires étrangères de l'Union nationale des étudiants.

Polska Komisja Miedzynarodowej Wspolpracy Intelektualnej przy Lidze Narodow
(Commission nationale polonaise de coopération intellectuelle)
Nowy Swiat 72, Varsovie

Président : M. le professeur Charles Lutostanski.
Secrétaire : M. Joseph Podoski.

Fondation : 1923.

Organisation : Membres originaires : deux représentants de l'Académie polonaise des Sciences et des Lettres, un représentant et deux représentants de l'Institut Mianowski (Institut pour l'encouragement du travail scientifique) ; correspondants dans toutes les universités.

Activité : Encourage et facilite l'échange de professeurs avec les pays étrangers (Accord avec la Commission suisse, voir p. 195), etc.

Zwiazek Narodowy Polskiej Mlodziezy Akademiskiej
(Union nationale des étudiants polonais)
Wilcza 3m, Varsovie

Directeurs du Bureau des Affaires étrangères : MM. J. Wroczynski et
J. Kornecki.

Fondation : 1919. Membre de la C. I. E.

Activité : Entretien d'étudiants étrangers en Pologne et d'étudiants polonais à l'étranger ; organisation de voyages d'études ;
obtention d'une réduction de 50 % sur les tarifs de transports,
pendant trois semaines, pour des groupes d'étudiants voyageant
ensemble et composés de plus de 5 personnes, et pour tous les étudiants voyageant seuls, après le commencement et avant la fin des
vacances.

Publication : Revue bimensuelle.

PORTUGAL

UNIVERSITÉS

Université de Coimbre
Instituto Alemao
(Institut allemand)

Directeur : M. le professeur Joao da Providencia Souza e Costa.

Définition : Institut universitaire, destiné à favoriser les relations intellectuelles entre les pays de langues portugaise et allemande.

Fondation : En 1925, par la Faculté des Lettres de l'Université de Coimbre et l'Institut ibero-américain de Hambourg.

Activité : Echanges d'informations scientifiques et de représentants qualifiés de la science allemande et de la science portugaise; établissement de relations personnelles entre les universitaires portugais, brésiliens et allemands ; collaboration étroite avec l'Institut ibero-américain de Hambourg.

Universités de Coimbre, Lisbonne et Porto
Institut Français
Bureau central : Légation de France, Lisbonne

Directeur : M. Pierre Paris.

Fondation : En 1927, par l'Université de Toulouse et la Commissao de Intercambio Universitario Franco-Português, avec l'appui de la Légation de France à Lisbonne.

Organisation : L'Institut se compose de trois sections, aux Universités Coimbre, Lisbonne et Porto.

Activité : Organisation de cours de langue française et de conférences faites par des professeurs français ; renseignements sur la vie universitaire en France.

ORGANISATIONS DIVERSES

Commissao nacional de cooperacao intelectual
Biblioteca nacional, Lisbonne

Président : M. le Dr. Julio Dantas.

Activité : La Commission, entre autres, fournit des informations sur la vie universitaire en Portugal.

ROUMANIE

DISPOSITIONS OFFICIELLES

Le Ministère de l'Instruction publique

a conclu avec le *Gouvernement tchécoslovaque* un accord de réciprocité en vertu duquel trois étudiants de chaque pays reçoivent chacun une bourse pour l'étude des langues et de la littérature dans l'autre pays. Montant : du côté roumain, 6.000 lei par mois ; du côté tchécoslovaque, 120 cour. tch. par mois. A, depuis 1925, un accord réciproque correspondant avec la *Pologne*, pour deux bourses dans chaque pays.

Le budget ordinaire du Ministère de l'Instruction publique prévoit les bourses suivantes d'études à l'étranger :

8 bourses pour professeurs d'université. Valeur : 20.000 lei chaque. Montant annuel total : 480.000 lei. Durée : 3 mois.

30 bourses d'études pour professeurs d'école secondaire, pour se perfectionner dans leurs études des langues et de la civilisation. Montant : 10.000 lei par mois, chaque. Montant total annuel : 600.000 lei. Durée : 2 mois. Jusqu'à présent, des bourses ont été décernées pour des cours de vacances en Allemagne, Angleterre et France (Dijon, Grenoble, Nancy).

Montant total des bourses en Roumanie et à l'étranger, pour étudiants, 1.308.000 lei en 1928 ; soit 71 bourses de 1.000-3.000 lei par mois chaque, notamment pour études en Allemagne, Angleterre, France, Italie, Tchécoslovaquie.

Le Ministère de l'Instruction publique surveille les Ecoles roumaines, fondées en 1921, en France (voir p. 99) et en Italie (voir p. 153) et leur accorde une subvention annuelle de 900.000 lei à chacune.

A fondé une *Commission mixte*, comprenant des représentants des Ministères des Affaires étrangères et des Communications, pour l'organisation et la facilité de voyages en Roumanie pour les professeurs et étudiants étrangers et pour les Roumains se rendant à l'étranger. 50 % de réduction sur les tarifs de transports accordée aux groupes de plus de 15 personnes. La Commission obtient également des facilités de séjour. Fonds pour la réception de professeurs étrangers : 200.000 lei, ou 50.000 lei pour chaque université.

A conclu, le 15 juin 1919, avec le Gouvernement français, **l'accord Angelescu-Poincaré** (voir p. 67). Actuellement, 33 professeurs et instituteurs français se trouvent en Roumanie (dont 7 professeurs de l'enseignement supérieur).

Le Ministère des Finances

a créé, pendant la période d'inflation, un fonds de 20 millions de lei pour compenser la dépréciation monétaire lors d'échanges d'étudiants avec les pays étrangers et a nommé une Commission spéciale pour s'occuper de ces questions. Par suite du contrôle sévère exercé par cette Commission, le nombre des boursiers est tombé de 806, en 1921, à 278, en 1927, y compris les membres des Ecoles roumaines en France et en Italie, qui reçoivent du Ministère des Finances, 600 fr. ou 600 lires, respectivement, par mois (voir « France », p. 99, et « Italie », p. 150).

UNIVERSITÉS

Université de Bucarest

Décerne, tous les ans, quatre bourses de voyage à d'anciens étudiants. *Montant total* : 21.907 lei, provenant de dotations et de dons.

Officiul Universitar din Bucuresti
(Office universitaire de Bucarest)

Directeur : M. C. Zaharescu.
Représentant du Sénat de l'Université : M. le professeur D. Gusti.

Fondation : 1927.
Activité : Renseignements sur toutes questions universitaires ; favorise et maintient des rapports avec tous autres services analogues.

ORGANISATIONS DIVERSES

Académie roumaine
125, Calea Victoriei, Bucarest

Président : M. le professeur Em. Racovitza.

Activité : Depuis 1925, a créé deux bourses. But : Etudes ethnographiques et anthropo-géographiques à Paris ; études géologiques à Prague. Montant : 2.000 lei par mois, chaque.

Association universitaire des Amis de Pologne
18, rue Tudor Vladimirescu, Bucarest

Président : M. Ch. Chitulescu.

Fondation : 1927.
Activité : En 1927, échange de quatre étudiants roumains pour études pratiques dans des établissements industriels polonais, contre cinq étudiants polonais pour travaux pratiques dans des cliniques de Bucarest. Plan général pour l'échange d'étudiants entre la Pologne et la Roumanie, en voie d'élaboration.

Comité balkanique

Comité joint des Unions d'étudiants des pays balkaniques. La présidence incombe actuellement à la Roumanie.

Gruparea Universitara Romana
Pentru Societatea Natiunilor
(Groupement universitaire roumain pour la Société des Nations)
Université de Bucarest

Président : M. T. Vianu.

Fondation : 1926.
Activité : Envoie tous les ans quatre à cinq boursiers aux cours

du Bureau d'études internationales à Genève (voir p. 10), avec subvention du Gouvernement roumain.

Institut français de Hautes Etudes en Roumanie
19, rue N. Balcescu, Bucarest

Président du Conseil de Direction : M. le professeur Em. de Martonne.

Fondation : 1924, par le Gouvernement français.
Organisation : Dirigé par un Comité français qui statue sur les admissions.
Ressources : Des logements, salles de travail, etc., sont mis à la disposition d'un certain nombre d'étudiants français, dont deux boursiers, pour leur faciliter un séjour d'études, d'une durée de 1 à 3 années, en Roumanie et dans les Etats voisins. L'Institut prend chaque année des dispositions pour la visite de 4-5 savants français notoires, aux universités roumaines.

Uniunea Nationala a Studentilor Crestini din Romania
(Union nationale des étudiants chrétiens en Roumanie)
2, boulevardul Schitu Magureanu, Bucarest

Président : M. Lorin Papescu.
Secrétaire : M. Jon Glajaru.
Directeur de la Section étrangère : M. Aurel Gh. Popescu.

Fondation : 1919. Membre de la C. I. E. (voir p. 11).

SUÈDE

DISPOSITIONS OFFICIELLES

Le Gouvernement suédois

poursuit, depuis 1927, des négociations avec le Gouvernement italien, en vue d'un échange régulier de professeurs entre les deux pays.

En vertu d'un *accord avec le Gouvernement tchécoslovaque*, le Gouvernement suédois, depuis 1926, décerne annuellement une bourse à un universitaire tchécoslovaque pour études dans une université ou un institut de hautes études suédois. Montant : Pour une période de 9 mois, 2.500 cour. suédoises (y compris les frais de voyage) ; pour un séjour plus bref, 250 cour. suédoises par mois plus 300 cour. suédoises pour frais de voyage.

En échange, le Gouvernement tchécoslovaque décerne une bourse à un universitaire suédois pour études slaves en Tchécoslovaquie. Montant de la bourse : Pour une période de 9 mois, 15.000 cour. tchèques avec 2.000 cour. tchèques pour frais de voyage ; pour un séjour plus bref, 2.000 cour. tchèques par mois, plus 1.300 cour. tchèques pour frais de voyage.

La Direction générale des écoles (Skolöverstyrelsen)

a décerné, en 1927, les bourses de voyage suivantes :

Aux professeurs des établissements d'enseignement supérieur de l'Etat et des écoles secondaires	13.000 cour. suédoises
Aux professeurs de langues dans les écoles primaires...........................	4.000 — —
Aux professeurs de langues dans les écoles privées d'études supérieures pour les jeunes filles.........................	6.000 — —
Aux professeurs de langues dans les écoles secondaires techniques.	1.500 — —

Avant la guerre, des sommes importantes étaient allouées pour études à l'étranger aux instituteurs des écoles primaires ; on envisage aujourd'hui la reprise de cette mesure.

UNIVERSITÉS

Université de Gœteborg

L'Université (Göteborgs Högskola) décerne quelques bourses de voyages, dont le montant est fixé dans chaque cas particulier ; ces bourses peuvent être décernées tant aux professeurs, pour des travaux de recherches à l'étranger, qu'aux étudiants inscrits à l'Université.

Université de Lund

Dispose des bourses de voyage suivantes : (1)

Dotation Battram : Bourses décernées tous les quatre ans par le chancelier de l'Université, le vice-chancelier et le professeur de botanique. *Montant* : 2.200 cour. suédoises. *Durée* : 8 mois.

Dotation Bokelund : Bourses décernées à plusieurs étudiants d'histoire, de géographie et d'autres disciplines scientifiques. *Montant* : Varie entre 100 et 800 cour. suéd.

Dotation Dicksson : Pour de jeunes professeurs. *Montant* : 2.000 cour. suéd.

Dotation Faltzburg : Bourse décernée aux étudiants par le chancelier, sur la proposition du corps des professeurs. *Montant* : 1.200 cour. suéd.

Dotation Gleerup : Bourse décernée aux théologiens — docteurs, licenciés et candidats — par la Faculté de théologie et de philosophie. *Montant* : 800 cour. suéd.

Dotation Humero-Steuchi : bourse, *montant* : 1.000 cour. suéd. *Durée* : 6 mois.

Dotation Letterstedt : Affectée à deux bourses en Suède et à une bourse à l'étranger. *Montant* : 4.500 cour. suéd.

Voir " Katalog " publié par Akademiska Foreningen, Lund, chaque semestre.

Université d'Upsala

Dispose des bourses de voyage suivantes (1) :

Dotation Olaus-Petri : Cinq-sixièmes des intérêts annuels du capital de la dotation — soit 180.000 cour. suédoises — sont versés en partie aux étudiants en théologie pour études à l'étranger et, en partie, à l'organisation de conférences données à la Faculté de théologie d'Upsal par des théologiens en visite, venant d'universités suédoises ou étrangères. Administrée actuellement par M. le professeur Nathan Söderblom, archevêque d'Upsal.

Dotation Josephson : Pour médecins-assistants. *Montant* : 900 cour. suéd.

Dotation Liljewalch : Plusieurs bourses de voyage dans le pays et à l'étranger, pour de jeunes mathématiciens et des étudiants en sciences physiques et naturelles. Limite d'âge : 35 ans. *Montant* : Varie entre 1.000 et 3.500 cour. suéd.

Dotation Noréus : *Montant* : 3.094 cour. suéd. *Durée* : 7 semestres.

Dotation R. Otterborg : L'intérêt de 10.000 cour. suédoises est alloué tous les quatre ans par la section de géologie de l'Association des étudiants en sciences physiques et naturelles.

Dotation Florence Quensel : L'intérêt de trois ans du capital de 10.000 cour. suédoises est alloué tous les quatre ans à une étudiante pour études en Angleterre ou en Ecosse.

Dotation Sederholm : Affectée en partie aux bourses pour études en Suède, en partie à deux bourses de voyage à l'étranger. *Montant* : 3.200 et 2.400 cour. suéd. Décernées tous les trois ans.

Dotation Stecksén-Norberg : Une bourse à l'étranger pour deux mois au moins. *Montant* : 600 cour. suéd.

Bourse nordique du Studentkaren : Pour études en Danemark, en Finlande, ou en Norvège. *Montant* : 1.800 cour. suéd.

Dotation Thun : Bourse de voyage pour un étudiant nécessiteux, après sept ans d'études. *Montant* : 4.000 cour. suéd. *Durée* : 16 mois. Décernée tous les deux ans.

---

(1) Cf. " Katalog ", publié par Studentkaren, Upsala, chaque semestre.

ORGANISATIONS DIVERSES

Institut mathématique Mittag-Leffler
Stockholm-Djursholm

But : Encouragement aux mathématiques pures dans les pays du Nord, en Suède, Norvège, Danemark, Finlande, et particulièrement en Suède.

Fondation : 1919, par une dotation faite par M. et Mme Mittag-Leffler, datant de mars 1916.

Organisation : Comité formé des membres de la Section des Mathématiques pures de l'Académie suédoise des Sciences et de deux autres professeurs. Le président du Comité est nommé par le Roi. Un mathématicien de haute valeur est désigné par le Comité et nommé par le Roi aux fonctions de directeur.

Ressources : 5 % au moins de l'intérêt sur le capital de la dotation s'élevant à 1.000.000 cour. suédoises.

Activité : Décerne des bourses de voyage en Suède et à l'étranger aux jeunes mathématiciens qui, pendant la durée de la bourse, doivent rester en rapports suivis avec le Directeur de l'Institut ; doivent lui faire un rapport sur leur travail ; doivent toujours travailler à la Bibliothèque pendant une période à fixer d'accord avec le directeur. Distribution de prix.

Laura Spelman Rockefeller Memorial,
Représentant en Suède

M. le professeur Gösta Bagge, Université, Stockholm (voir p. 20).

Sverige-Amerika Stiftelsen
(The Swedish-American Foundation)
Grevturegatan 24 a, Stockholm

Président : L'archevêque Nathan Söderblom.
Secrétaire : Mlle Eva Fröberg.

But : Décerner des bourses pour études scientifiques et pratiques aux États-Unis.

Fondation : 1919, en qualité de représentant pour la Suède de l'American-Scandinavian Foundation (voir « Danemark », p. 48).

Organisation : 1 Comité.

Ressources : Proviennent de dotations privées suédoises et américaines.

Activité : A décerné, depuis 1919, 85 bourses de voyage aux Etats-Unis, à des diplômés, après achèvement de leurs études universitaires. Montant : Entre 3.750 et 4.500 cour. suédoises. En 1927-28, les bourses suivantes ont été décernées :

Bourse Anders Zorn : Don de 100.000 cour. suédoises datant de 1919, dont l'intérêt est versé à la dotation Sverige-Amerika.

Bourse Ira Nelson Morris : *Montant* : $1.000 par an.

Dotation Robert Woods et Mildred Bliss : *Montant* : $1.000 par an.

Dotation S. K. F. (Svenska Kullagerfabriken, Göteborg) : *Montant* $1.000 par an.

Bourse Stockholm : *Montant* : $1.000. *Durée* : 5 ans.

Bourse Bergquist : *Montant* : $1.000.

Bourse John Ericson Society : *Montant* : $1.000.

Bourse I. C. C. : Fondée par la délégation américaine au Congrès des Chambres de Commerce internationales à Stockholm en 1927. *Montant* : $5.000.

De plus, il a été décerné une série de « **bourses industrielles** » (jusqu'ici 40) ; paiement de travaux pratiques pendant un ou deux ans.

Publication : Arsberattelse, Stockholm, une fois par an.

Sveriges Förenade Studentkarer
(Union des étudiants suédois)
Akademiska Föreningen, Lund.

Secrétaire : M. Thorsten Bergh, cand. phil.

Fondation : 1921 à Lund ; régie par ses statuts actuels depuis janvier 1928.

Organisation : Administrée par un Comité composé de 8 membres, dont les présidents des diverses Associations membres. Membre de la C. I. E. (voir p. 11).

Ressources : Cotisations des Associations membres (25 öre par personne). Budget pour 1928 : 2.400 cour. suédoises.

Activité internationale : Des comités internationaux dans les villes universitaires aident les étudiants étrangers : à Lund surtout les Danois, à Upsala surtout les Finlandais ; donnent également tous renseignements concernant les études à l'étranger aux étudiants nationaux. Création de bourses au Danemark, en Norvège et en Tchécoslovaquie (administrées en partie par l'Etat, en partie par les Universités). Organisation de tours et de réceptions. Aide aux étudiants nécessiteux (service permanent de l'Association chrétienne des étudiants). Echange de personnel enseignant, entre autres, Lund-Copenhague, Lund-Greifswald ; tous les deux ans, les Associations d'étudiants de Lund, d'accord avec les Universités, invitent un certain nombre de professeurs et d'étudiants de Copenhague et de Greifswald pour un séjour de plusieurs jours et à donner des conférences. De même, des membres de l'Université de Lund sont invités dans les villes en question. Echange de renseignements avec l'Office central de la C. I. E.

Publication : « Svensk Studentkalender » Stockholm (tous les deux ans).

Bureau de Voyages de l'Union nationale des étudiants suédois
Drottninggatan 83, Stockholm

Fondation : En même temps que l'Union nationale ; autonome depuis 1928.

Activité : Organise la participation d'étudiants suédois aux voyages organisés par la Commission III de la C. I. E. Donne tous renseignements concernant les Associations d'étudiants de tous les pays. Publie dans les journaux des étudiants suédois les informations reçues de la C. I. E. Appuie les demandes de réductions de billets de chemins de fer par les groupes d'étudiants ; émet des cartes d'identité, fait un rapport à la Commission III sur les règlements suédois sur les visas et passeports. Etablit des programmes de voyage pour les étudiants étrangers. Organise des excursions à prix fixe. Met à leur disposition des étudiants suédois comme guides.

SUISSE

DISPOSITIONS OFFICIELLES

Canton de Berne

Fondation du Mushafen et Fonds d'école

Définition : Fonds allouant des bourses à des citoyens bernois ou des ressortissants d'autres cantons suisses établis à Berne, étudiants à l'Université ou qui terminent leurs études secondaires.

Fondation : 1528-29.

Organisation : L'administration de ces deux fonds, réunis depuis quelques années, est entre les mains de la Direction de l'Instruction publique du Canton de Berne, à qui les demandes doivent être adressées.

Ressources : 50.000 francs environ par an.

Activité internationale : 1.200 à 1.500 francs sont réservés annuellement pour permettre à 2-4 boursiers d'étudier à l'étranger. Les boursiers se rendent généralement en Allemagne, en France ou en Italie.

UNIVERSITÉS

Université de Bâle

Depuis 1923, maintient un échange régulier d'un ou de deux professeurs annuellement avec la Grande Bretagne, l'Université du pays supportant, dans chaque cas, les frais. Avec l'appui de la Société académique à Bâle, des professeurs d'université allemands sont invités à faire des séries de conférences. Avec le concours de milieux bancaires, des professeurs d'université français sont invités à donner des cours de droit français.

Des bourses de voyage sont décernées sur les fonds suivants :

Allgemeine Universitaetsstipendien : Bourses à l'étranger, réservées aux citoyens de Bâle. *Montant* : 300 francs suisses chacune, par semestre.

Fisci pauperum des Facultés : Bourses de séjour à l'étranger, jusqu'à 500 francs suisses chacune par semestre.

Bourse Wackernagel : Pour un ou deux candidats. *Montant* : 1.000 francs suisses par an.

Bourse pour privat-docents : *Montant* : 2.500 francs suisses par an.

Bourse de l'Association nationale des universitaires suisses : *Montant* : 500 francs suisses. Décernée tous les deux ans.

Dotation St. Albans : 15.000 francs suisses. Affectée en partie à des bourses à l'étranger.

Dotation privée : 15.000 francs suisses, affectée exclusivement aux bourses à l'étranger.

Université de Fribourg

Administre les bourses suivantes :

a) Destinées exclusivement aux étrangers étudiants à l'Université :

Bourse Hutter : Pour 1 étudiant allemand.

Boure Lesur : Pour 1 étudiant français en théologie.

Bourse St. Etienne : Pour 1 étudiant hongrois en théologie.

Bourse Prince Czartoryski : Pour 1 étudiant polonais, catholique, pour lui permettre d'achever ses études des humanités à la Faculté de philosophie.

b) Destinées tant aux étrangers qu'aux Suisses :

Bourse St. Albert : Pour étudiants en théologie.

Bourse St. Thomas d'Aquin : Pour étudiants en théologie.

Bourse Léon XIII : Pour étudiants en théologie.

Bourse Pie X : Pour étudiants en théologie.

Dotation Georges Python : Pour étudiants nécessiteux.

Dotation Thurler - Reeb : Pour encourager les travaux et recherches scientifiques à la Faculté des Sciences.

Université de Genève

Bourse Thomas Harvey : *But* : Voyage d'études en pays de langue anglaise. *Montant* : 1.000 francs suisses. *Conditions* : Bourse réservée aux étudiants de nationalité suisse, immatriculés depuis au moins deux semestres ; décernée par l'Université, à la suite d'un concours.

Ecole polytechnique fédérale, Zurich

Envoie chaque année plusieurs professeurs à l'étranger pour y faire des tournées de conférences et invite des professeurs étrangers à venir faire des conférences.

ORGANISATIONS DIVERSES

Commission nationale suisse de coopération intellectuelle

Président M. G. de Reynold.
Secrétaire : M. Marcel Godet, Archivstrasse 72, Berne.

A conclu, en juillet 1927, avec la Commission polonaise de coopération intellectuelle, l'arrangement suivant (1) :
Lorsqu'un professeur suisse va en Pologne ou qu'un professeur polonais vient en Suisse, il devra, chaque fois que ce sera possible, être invité à faire des conférences. Un professeur de chaque pays échangé annuellement ; il peut ramener avec lui, en qualité d'étudiants d'échange, des étudiants du pays qu'il a visité. De plus, une chaire polono-suisse est en voie de création à Varsovie, aux frais de la Commission polonaise, et devra être occupée par un professeur suisse différent tous les deux mois. Les universités suisses sont également disposées à inviter à faire des conférences des professeurs polonais proposés par la Commission polonaise.

---

(1) Voir : Bulletin des relations universitaires, IV (1928) no 1.

International Student Hostel
5 bis, chemin Krieg, Genève.

Cf. « The Society of Friends », p. 118.

Office central universitaire Suisse
2, Zeitglockenlaube, Berne.

Directeur : M. le professeur E. von Waldkirch.

Définition : Office central d'information, servant d'intermédiaire entre les hautes écoles suisses, et entre celles-ci d'une part et les hautes écoles étrangères d'autre part.

Fondation : 1921.

Organisation : L'Office se compose : *a*) du comité ; *b*) du secrétariat permanent. Le comité se compose d'un représentant des sept universités suisses, de l'Ecole polytechnique fédérale et de l'Université commerciale de Saint-Gall, ainsi que de trois représentants de l'Association nationale des universitaires suisses.

Ressources : Cotisations des hautes écoles suisses et de l'Association nationale des universitaires suisses ; subventions de la Confédération et de plusieurs cantons ; donations volontaires.

Activité : Le Secrétariat permanent renseigne sur les conditions d'immatriculation, d'examen, de diplôme, de taxes, de logements, organisations d'étudiants, bourses, sports, etc., des hautes écoles suisses et étrangères ; il sert d'intermédiaire entre les diverses hautes écoles suisses et les universités étrangères.

Publications : « Les Universités de Suisse » (en plusieurs langues) ; « Revue universitaire suisse » (mensuelle).

Société des amis suisses des Etats-Unis d'Amérique, Zurich
(Society of Swiss Friends of the U. S. A.)
Ecole polytechnique fédérale, Zurich.

Président : M. le professeur Dr. A. Rohn, président du Conseil de l'Ecole.

Définition : Organe central en Suisse pour l'échange d'étudiants entre la Suisse et l'Amérique.

Fondation : 1927.

Organisation : Comité composé des recteurs des universités suisses, de 2 représentants chacune de la S. F. U. S. A. et de l'Union nationale des Associations d'étudiants suisses et du directeur de l'Office central de secours aux Eglises d'Europe.

Activité : Collabore avec l'Institute of International Education, New York, qui maintient un Comité correspondant pour les échanges sous la présidence honoraire du Ministre de Suisse à Washington. Choisit les bénéficiaires suisses des bourses décernées par l'Institute of International Education (10 au moins pour 1928-29), obtient l'hospitalité en Suisse pour étudiants américains. Jusqu'ici, seules, des bourses dites « tuition fellowships » (exonération des droits de scolarité) ont été décernées en Suisse ; actuellement des efforts sont faits en vue de créer des bourses complètes (comprenant le logement et la pension gratuits).

Publications : Dans la « Revue universitaire suisse », Zurich et dans le bulletin d'informations de l'Institute of International Education, New-York.

Union nationale des Associations générales d'étudiants de Suisse, Office des Affaires étrangères
Ecole polytechnique fédérale, Zurich.

Président : M. Jacques Lalive.
Président de l'Office des Affaires étrangères : M. Paul Müller.

Définition : Organe représentant l'Union nationale des Associations générales d'étudiants de Suisse vis-à-vis des pays étrangers.

Fondation : 1920 ; membre de la C. I. E. (cf. p. 11).

Organisation : 7 membres ; président élu par l'Assemblée générale de l'Union.

Ressources : Fournies par l'Union.

Activité : Organise et réalise des voyages d'études à l'étranger par les étudiants suisses et en Suisse par les étudiants étrangers ; obtient une réduction de 10 % à 55 % sur les tarifs des chemins de fer suisses pour les groupes d'au moins 7 étudiants sous la direction de professeurs ; organise l'échange d'étudiants pendant les vacances ou les semestres ; s'entremet pour encourager la correspondance internationale parmi les étudiants ; obtient tous renseignements.

Publications : Dans la « Revue universitaire suisse », Zurich.

TCHÉCOSLOVAQUIE

DISPOSITIONS OFFICIELLES

Le Gouvernement Tchécoslovaque

a conclu des accords avec la Belgique, la Bulgarie, le Danemark, la France, la Pologne, la Roumanie, la Suède et la Yougoslavie, (voir à ces pays) concernant les bourses d'échange. En outre, en 1926/27, 10 bourses ont été décernées à des étudiants français pour études en Tchécoslovaquie. Depuis 1921, le Ministère des Affaires étrangères a décerné du Fonds Jarnik un certain nombre de bourses à des étudiants étrangers. Le Gouvernement aide aussi les universitaires russes réfugiés, ainsi que les instituts scientifiques des exilés russes et ukrainiens.

Collège Masaryk
Prague XIX (Dejvice)

Définition : Foyer d'Etat pour 850 étudiants.
Fondation : 1927.
Activité : Logement gratuit ou à prix réduits pour les étudiants, y compris les étudiants d'échange (en 1927/28, 6 boursiers étrangers).

ORGANISATION DIVERSES

Commission tchécoslovaque pour les relations scolaires et culturelles avec les États-Unis d'Amérique
Veleslavinova 4, Prague I

Commission pour l'établissement d'un Institut américain à Prague comme centre des étudiants américains en Tchécoslovaquie et servant de bureau de placement pour les étudiants de l'enseignement technique tchécoslovaques aux Etats-Unis.

Groupement universitaire tchécoslovaque pour la Société des Nations
Akademicky Dum, Prague III

Président : M. Franz Munk.

Fondation : 1923.
Organisation : Membre de la F. U. I. S. N. (voir p. 16),
Ressources : Cotisations des membres et dons ; budget annuel 35.000 cour. tch.
Activité : Décerne bourses pour le Bureau d'Etudes internationales à Genève (voir p. 10).

Informačni Kancelar pro Studium v Cizině
(Bureau de renseignements pour études à l'étranger)
Akademicky Dum, Prague III

Fondation : Par l'Union des étudiants tchécoslovaques et par l'Association centrale des professeurs tchécoslovaques d'université.
Ressources : Subvention du Ministère des Affaires étrangères.
Activité : Bureau de renseignements universitaires pour la Tchécoslovaquie à l'étranger. Obtient réductions de frais de voyages, organise des voyages d'études et des échanges d'étudiants ; est en relations avec les bureaux de voyages d'étudiants, collabore avec l'Union des étudiants tchécoslovaques.

Institut français de Prague
Ostrovni ulice 6, Prague II

Directeur : M. le professeur Louis Eisenmann, secrétaire de l'Institut d'études slaves, Université de Paris.
Secrétaire : M. Alfred Fichelle, Prague.

Définition : Filiale de l'Institut d'études slaves de l'Université de Paris, qui en a le contrôle et la surveillance.
Fondation : 1920.
Ressources : Cotisations des membres et subventions des Gouvernements français et tchécoslovaque.
Activité : Organisation de cours de langue française pour préparer les étudiants proposés par le Gouvernement tchécoslo-

vaque comme candidats aux bourses françaises à Paris, pour les
hôtes russes du Gouvernement tchécoslovaque et aussi de cours de
langue tchèque pour les titulaires français des bourses du Gouvernement tchécoslovaque. Bureau de renseignements universitaires pour la France et la Tchécoslovaquie.

Jihoslovanska Studentska Kollej
(Collège yougoslave)
Studentska Kolonie, Prague III

Directeur : M. le Dr. Dragutin Prohaszka, Légation du Royaume
S. H. S.

Définition : Foyer pour les étudiants yougoslaves.
Fondation : Par la " Ceskoslovensko-jihoslovanska Liga ".

Komenského pedagogicky ustav
(Institut pédagogique Comenius)

Président du Conseil d'administration : M. le professeur Dr. Antoine
Uhliz.

Définition : Institut scientifique et pédagogique.
Fondation : 1919.
Organisation : Rattaché au Ministère de l'Instruction publique.
Ressources : Fournies par l'Etat.
Activité : Donne tous renseignements en Tchécoslovaquie
et à l'étranger sur les questions pédagogiques ; encourage les
voyages d'études pédagogiques à l'étranger.

Sojuz russkich akademičeskich organizacij zagranicej
(Association des organisations universitaires russes à l'étranger)
Lazarska 11, Prague II

Président : M. le professeur A. S. Lomšakov.

Union de 14 associations universitaires, comprenant environ
600 professeurs russes, ayant pour but de protéger les intérêts
des diplômés et des étudiants des universités russes à l'étranger.

Ustredni Svaz Ceskoslovenského Studentstva
(Union nationale des étudiants tchécoslovaques)
Akademicky Dum, Prague III

Président : M. le **Dr.** J. Stetina.
Vice-président du Département des affaires étrangères : M. Georges Ries.

Fondation : 1920. Membre de la C. I. E. (voir p. 11).
Activité : Accueil des étudiants étrangers. Organise des voyages d'études ; procure le logement aux étudiants étrangers. Obtient 50 % de réduction sur les frais de chemins de fer pour étudiants étrangers voyageant seuls ou en groupes.

YOUGOSLAVIE

DISPOSITIONS OFFICIELLES

Le Ministère de l'Instruction publique

dispose des bourses suivantes permettant aux étudiants étrangers d'étudier en Yougoslavie : 3 pour étudiants français, 2 pour étudiants polonais, 2 pour étudiants tchécoslovaques, de 2.500 dinars par mois chacune; et 1 pour un étudiant anglais, de 3.000 dinars par mois. Ces bourses sont données pour une année et obtenues par voie de concours. — Deux autres bourses destinées aux étudiants diplomés yougoslaves pour études à l'étranger. Le montant mensuel en est de 2500 dinars chacune. Pour la Convention scolaire franco-yougoslave, voir p. 67.

ORGANISATIONS DIVERSES

Ferialni Savez (Union des vacances)
Poenkarova 31, Belgrade

Président : M. Vladimir Lapajne.

Fondation : 1919, comprend aujourd'hui 10.000 membres.

Ressources : Cotisations des membres (30 dinars chacun par an), et une subvention de l'Etat de 30.000 dinars.

Activité : Echange permanent, pendant les vacances, avec la Pologne et la Tchécoslovaquie ; obtention de réductions sur les tarifs de chemin de fer. Les foyers de vacances pour étudiants et élèves reçoivent également des étudiants étrangers, en vertu d'accords de réciprocité avec leur propre pays.

Publication : « Popis », Liste de logements pour les vacances.

Savez studenata Kraljevine Srba, Hrvata i Slovenaca « Pobratimstvo », Odbor za spoljne poslove
(Union Serbe-Croate-Slovène des Etudiants, Section des affaires étrangères)
Université, Belgrade

Président de la Section des affaires étrangeres : M. Milutin Stevanovic.

Fondation : 1919, lors de la réorganisation de l'Union des Etudiants Serbes qui fut fondée à Belgrade, vers 1870, fusionnée en 1918 avec les deux autres Unions des étudiants du nouveau royaume ; est devenue membre de la C. I. E. en 1919.

Organisation : Service de l'Union des Etudiants, siège à Belgrade. Administrée par le président et cinq autres chefs de Section de l'Union des Etudiants.

Activité : Organise des voyages d'études (jusqu'ici en Tchécoslovaquie et dans d'autres Etats dont les Unions sont membres de la C. I. E.) ; reçoit les étudiants étrangers (venus jusqu'ici de Belgique, Pologne, Tchécoslovaquie et des Etats-Unis) ; obtient pour les étudiants une réduction de 50 % sur les tarifs de chemin de fer.

Fédération yougoslave des femmes diplômées des Universités
ul. Visokog Stevana, Belgrade

Présidente : Mme Pauline Lebl-Albana.

Fondation : 1927. Membre de l'I. F. U. W. (voir p. 14).

APPENDICE

Diagramme
pour la réglementation existant en Europe, en Grande Bretagne et aux Etats-Unis en matière de passeports et de visas

ORIGINE → (colonnes) ; DESTINATION ↓ (lignes). Case blanche = cellule vide ; case ombrée = ▨ ; cellule diagonale (pays vers lui-même) = —.

DESTINATION	Autriche	Belgique	Bulgarie	Tchécoslovaquie	Danemark	Estonie	Finlande	France	Allemagne	Grande-Bretagne	Grèce	Pays-Bas	Hongrie
Autriche	—	d	d	d	d	d	n	d	n	n	d	n	d
Belgique		—		n				▨	n	▨		n	n
Bulgarie			—										d
Tchécoslovaquie				—		n	n	o					
Danemark	d	n	d	d	—	d	n	n	n	n	d	n	d
Estonie	o	o	o	o	o	—	n	o	o	o	o	o	o
Finlande	n	o	o	n	n	v	—	o	n	o	o	o	o
France	t	▨	t	n	n	t	t	—	t	n	t	n	t
Allemagne	n				n		n		—				n
Grande-Bretagne	n	n	xo	xo	n	xo	xo	n	n	—	xo	n	xo
Grèce											—		
Pays-Bas	n	▨			n			n	n	n		—	n
Hongrie	v	od	v	v	v	v	v	v	v	od	v	v	—
Italie	d	n	d	d	n	n	d	n	n	n	d	n	d
Lettonie	o	o	o	o	o	▨	v	o	o	o	o	o	o
Lithuanie													
Luxembourg	n	▨	x	x	n	x	x	▨	▨	n	x	▨	x
Norvège		n			n			n					n
Pologne	d	d	d	d	d	d	d	d	d	d	d	d	d
Portugal													n
Roumanie		n											
Espagne		n			n			n					n
Suède	s	n	s	s	n	s	s	n	n	n	s	s	n
Suisse	n	n	x	x	n	x	x	n	n	n	x	x	n
Turquie													
Etats-Unis	d	d	d	d	d		v	d					d
Yougoslavie											o		

DESTINATION	Italie	Lettonie	Lithuanie	Luxembourg	Norvège	Pologne	Portugal	Roumanie	Espagne	Suède	Suisse	Turquie	Etats-Unis	Yougoslavie
Autriche	d	d	d	d	d	d	d	d	d	d	n	d	d	d
Belgique				▨	n	d	n		n	n	n		n	
Bulgarie													d	
Tchécoslovaquie						o								
Danemark	n	d	d	n	n	d	n	d	n	n	n	d	d	d
Estonie	n	▨	o	o	o	o	o	o	o	o	o	o	v	o
Finlande	d	v	o	o	o	o	o	o	o	o	o	o	v	o
France	n	t		▨	n	t	t	t	n	n	n	t	t	t
Allemagne										n	n		v	
Grande-Bretagne	n	xo	xo	n	n	xo	n	xo	n	n	n	xo	xo	xo
Grèce														
Pays-Bas				n	n	n								
Hongrie	v	od	od	od	od	od	od	od	od	od	v	v	od	od
Italie	—	n	n	n	n	d	d	n	n	n	n	d	d	d
Lettonie	n	—	o	o	o	o	o	o	o	o	o	o	o	o
Lithuanie			—											
Luxembourg	n	x	x	—	n	x	x	n	n	n	n	x	x	x
Norvège					—				v	n	n	n		
Pologne	d	d	d	d	d	—	d	d	d	d	d	d	d	d
Portugal				n	v		—							
Roumanie				n	v			—						
Espagne				n					—	n				
Suède	s	n	s	s	n	n	s	s	s	—	n	s	s	s
Suisse	x	x	n	x	x	n	n	x	x	x	—	x	n	x
Turquie												—		
Etats-Unis											d		—	
Yougoslavie														—

Explications des signes :

Case blanche : passeport et visa sont nécessaires.

Case ombrée : ni passeport ni visa ne sont nécessaires.

n : pas besoin de visa.

o : visas collectifs pour groupes d'étudiants.

v : visa nécessaire et gratuit.

d : visa nécessaire ; gratuit pour étudiants porteurs de la carte internationale d'identité (voir p. 11).

s : les demandes individuelles de visas gratuits, provenant d'étudiants, sont examinées avec bienveillance.

t : réduction de 50 % sur le coût du visa aux porteurs de la carte internationale d'identité.

x : visa nécessaire, non gratuit, mais donné sans autre formalité aux porteurs de la carte internationale d'identité.

Informations complémentaires

Le diagramme ci-contre a été établi par la Commission III de la Confédération Internationale des Étudiants, en anglais ; il n'a pas été publié jusqu'ici. Les pays y sont rangés selon l'ordre alphabétique de leurs noms anglais.

Pour obtenir les facilités, les demandes doivent être adressées à l'Union nationale des étudiants à laquelle appartient le requérant.

Dans les pays désignés par " o " et pour les groupes de moins de 25 étudiants, une liste complète des participants doit être établie ; elle est ensuite contresignée par un représentant de l'Union nationale des étudiants à laquelle appartiennent les requérants et présentée, en même temps que les cartes internationales d'identité, au consulat compétent. Cette liste reçoit un visa collectif, au prix d'un visa individuel.

Les groupes qui désirent obtenir le visa hongrois, doivent en informer le consulat au moins une semaine à l'avance.

L'Albanie et l'U. R. S. S. n'accordant aucune facilité de passeport et de visas, ne sont pas mentionnées dans le diagramme.

PUBLICATIONS DE L'INSTITUT INTERNATIONAL DE COOPÉRATION INTELLECTUELLE

Bulletin des relations universitaires. Trimestriel. (Edition bilingue, française et anglaise). *Abonnement*, France : 32 francs par an, autres pays : $1.50. *Le numéro*, France : 10 francs, autres pays : $0.50.

Cours supérieurs de vacances en Europe 1928. 30 pages. Prix : 3 francs. (Edition anglaise : *Holiday Courses in Europe* 1928. 30 pages. 1 shilling ; édition allemande : *Akademische Ferienkurse in Europa* 1928. 36 pages. 1 mark).

University Exchanges in Europe. 1928. 204 pages. Prix : $0.75.

Bulletin des relations scientifiques. Trimestriel. (Edition bilingue, française et anglaise). *Abonnement*, France : 24 francs par an, autres pays : $1.50. *Le numéro*, France : 8 francs, autres pays : $0.40.

La Coordination Internationale des Bibliothèques. (Edition bilingue, française et anglaise). 1928. 72 pages. Prix : 5 francs.

Mouseion, Bulletin de l'Office international des musées. Paraît en avril, septembre et décembre. (Edition française). *Abonnement*, France : 30 francs par an, autres pays : $1.75. *Le numéro* : 12 francs, autres pays : $0.60.

Cahiers des relations artistiques :
- I. *La Coopération intellectuelle et les beaux-arts.* 1927. 48 pages. Prix : 5 francs.
- II. *Collections de reproductions photographiques d'œuvres d'art.* 1927. 196 pages. Prix : 12 francs.
- III. (En préparation) : *L'Identification des œuvres d'art.*
- IV. (En préparation) : *Le Congrès international des arts populaires.*

Cahiers des droits intellectuels :
- I. *La Protection internationale du droit d'auteur.* 1927. 86 pages. Prix : 8 francs.
- II. (En préparation) : *La Propriété scientifique.*

Bulletin de la Section d'information et de documentation. Mensuel. *a)* Edition française : *Abonnement*, France : 20 francs par an, autres pays : $1 ou 5 sh. *Le numéro*, France : 2 francs, autres pays : $0.10 ou 6 d. — *b)* Edition anglaise : *Abonnement*, France : 24 francs par an, autres pays : $1.50 ou 7 sh. 6 d. *Le numéro*, France : 2 fr. 50, autres pays : $0.10 ou 6 d.

Ouvrages remarquables parus dans différents pays au cours de l'année 1924. (Edition bilingue, française et anglaise). 1926. 32 pages. Prix : 5 francs.

Idem : 1925. 1927. 48 pages. Prix : 7 fr. 50.

Idem : 1926. 1928. 48 pages. Prix : 10 francs.

Bulletin bibliographique de documentation internationale contemporaine. Mensuel. (Edition bilingue, française et anglaise). *Abonnement*, 40 francs par an.

Statistique intellectuelle de la France, année 1923-1924, par Tatiana Beresovski-Chestov. 1926. 124 pages. Prix : 35 francs.

Travaux de l'Institut international de coopération intellectuelle pendant l'année 1926. 1927. 4°, 230 pages. Prix : 25 francs.

IMP. CRÉTÉ . PARIS

VII 1928